AF560511

UPTET, CTET, DSSSB, STET

सभी विषयों के बार बार आने वाले
1600+ महत्वपूर्ण प्रश्नोत्तर

इनविंसिबल पब्लिशर्स

Er. आकाश मिश्रा

(B.Tech, BTC, UPTET, CTET)

कॉपीराइट पृष्ठ

भारत में वर्ष 2019 को सबसे पहली बार प्रकाशित

© 2019। सर्वाधिकार सुरक्षित

ISBN: 978-81-943134-6-5

इस प्रकाशन का कोई भी भाग पुर्नप्राप्ति प्रणाली केअंतर्गत न तो पुन: उत्पन्न किया जा सकता है, न ही संग्रहित किया जा सकता है या यह किसी भी रूप में या किसी भी माध्यम जैसे इलेक्ट्रॉनिक, मैकेनिकल, फोटोकॉपी, रिकॉर्डिंग या प्रकाशक की अनुमति के बिना किसी भी माध्यम में प्रेषित नहीं किया जा सकता है।

इस पुस्तक केपाठक इस पुस्तक में दी गई जानकारी केसंबंध में उसके इस्तेमाल की जिम्मेदारी मानते हैं। इस प्रकाशन केलेखक एं पब्लिशर पाठकों की ओर से किसी भी प्रकार की कोई जिम्मेदारी या उत्तरदायित्व नहीं मानते हैं। हालांकि जानकारी को स्थापित करने केलिए कोशिशें की गई हैं, सही सूचनाएं दी गई हैं, न तो प्रकाशक न ही लेखक किसी प्रकार की कोई गलती, त्रुटिपूर्णता या चूक केलिए कोई रंटी लेते हैं।

इर्नासिबल पब्लिशर्स

201A, SAS Tower, Sector 38, Gurgaon-122003

बिषय सूची

बाल विकास

1. सामूहिक बुद्धि परीक्षण की शुरुआत किस देश में हुई थी?

अमेरिका में।

2. अवधान क्या होता है?

मानसिक क्रिया।

3. बच्चे किस उम्र में वस्तुओं को उनके गुणों के आधार पर क्रमबद्ध व वर्गीकृत करने लगते हैं?

मूर्त संक्रिया की अवस्था (7 वर्ष से 11 वर्ष)।

4. भाषा विकास के दोष के अंतर्गत कौन – कौन दोष आते हैं?

ध्वनि, लय, सुनने व बोलने के अंगों सम्बंधी दोष।

5. बाल मनोविज्ञान किस प्रकार का अध्ययन है?

वैज्ञानिक।

6. भाषात्मक परीक्षण में किस प्रकार की भाषा का प्रयोग किया जाता है?

अमूर्त बुद्धि भाषा परीक्षण।

7. 'सामर्थों का समुच्चय' किसे कहा जाता है?

बुद्धि को।

8. अधिगम स्थानांतरण को प्रभावित करने वाले कारक कौन से होते हैं?

निराशा, मानसिक संघर्ष व तनाव।

9. व्यक्तिओं में एक-दूसरे से भिन्नता कैसे सम्भव है?

वंशानुक्रम व वातावरण के प्रभाव के कारण।

10. सामान्य से विशिष्ट तत्वों के सिद्धांत के अनुसार बुद्धि कितने प्रकार की होती है?

दो प्रकार।

11. स्मरण की दो विधियाँ बताइये।

मिश्रित विधि, विचार-साहचर्य विधि।

12. अवधान में क्या क्रियाशील होता है?
मन व शरीर।

13. कौन अधिगमकर्ता को भरपूर स्वतंत्रता प्रदान करता है?
सृजनशीलतावाद।

14. सीखने की प्रगति के सूचक को क्या कहते हैं?
सीखने का वक्र।

15. क्रम-निर्धारण स्केल में किस प्रकार के व्यवहार का अवलोकन किया जाता है?
गुणात्मक व्यवहार।

16. पावलॉव ने सीखने के अनुबंधन-प्रतिक्रिया सिद्धांत का प्रतिपादन किस पर प्रयोग कर किया था?
कुत्ता।

17. किस अवस्था में विशिष्ट संवेग मंद गति के स्वभाव के साथ जुड़ता है?
शैशवावस्था।

18. अध्यापन के समय अध्यापक को किसका सर्वाधिक ध्यान रखना चाहिये?
वैयक्तिक भिन्नता।

19. संवेगात्मक विकास की आवश्यकता क्यों पड़ती है?
विकास व उन्नति के लिये।

20. सीखने में सुधार का एक तरीका कौन सा है?
आंकलन।

21. नकारात्मक स्थानांतरण क्या होता है?
जब पूर्व ज्ञान नये प्रकार के सीखने में कठिनाई उत्पन्न करता हो।

22. कौन सा कौशल संवेगात्मक बुद्धि से सम्बंधित होता है?
समानुभूति देना।

23. 'बाल – मनोविज्ञान सभी को नई दिशा में संकेत करता है।' किसका कथन है?
थॉम्पसन।

24. श्रृव्य सामग्री का उद्देश्य क्या होता है?
शिक्षण को प्रभावशाली बनाना, छत्रों में क्रियाशीलता व सृजनात्मकता उत्पन्न करना।

25. 15 – 16 वर्ष की आयु में मस्तिष्क का भार कितना होता है?

1.2 से 1.4 किग्रा.।

26. मध्य बचपन अवधि कौन सी होती है?

6 से 11 वर्ष।

27. सामान्य से विशिष्ट तत्वों के सिद्धांत का प्रतिपादन किसने किया था?

स्पीयरमैन ने।

28. कितने वर्ष तक के बच्चों के लिये निःशुल्क व अनिवार्य शिक्षा का अधिकार प्राप्त है?

6 से 14 वर्ष।

29. 'सपनों का सागर' किस अवस्था को कहा जाता है?

शैशवावस्था।

30. 'वातावरण वह बनावटी शक्ति है जो हमें प्रभावित करती है।' किसका कथन है?

रॉस का।

31. वस्तुनिष्ठ विधियाँ किस आधार पर क्रियाशील होती है?

बुद्धि, रुचि व अभिरुचि के आधार पर।

32. 'सीखने में सफल अनुभव अधिक सीखने की प्रेरणा देते हैं।' किसका कथन है?

फ्रेण्डसन का।

33. किस प्रकार के व्यक्तित्व वाले व्यक्ति प्रशंसकों से घिरे रहने की कामना करते हैं?

बहिर्मुखी।

34. बालक को भाषा का ज्ञान सबसे पहले कहाँ से होता है?

परिवार से।

35. संवेग कितने प्रकार का होता है?

तीन प्रकार का।

36. मनोविश्लेषणवादी युग ने व्यक्तित्वको किन दो भागों में बाँटा गया है?

अंतर्मुखी व बहिर्मुखी।

37. बच्चा सामाजिक व्यवहार के अंतर्गत बड़ों के कार्यों में सहायता, सहयोग, सहानुभूति कब करता है?

दो वर्ष की आयु में।

38. सामान्यतः बालक किस अवस्था में क्रोध व अभिव्यक्ति करता है?

किशोरावस्था में।

39. कृत्रिम प्रेरण कितने प्रकार की होती है?

आठ प्रकार।

40. शैशवावस्था का काल कब से कब तक होता है?

जन्म से 5 वर्ष तक।

41. बालक के व्यक्तित्व विकास में महत्वपूर्ण भूमिका किसकी होती है?

अभिभावक व परिवार की।

42. समायोजन को अन्य किस नाम से जाना जाता है?

व्यवहारिक गतिशीलता।

43. बिने साइमन स्केल व स्टैनफोर्ड बिन स्केल का प्रयोग किस बुद्धि परीक्षण से किया जाता है?

वैयक्तिक भाषात्मक परीक्षण में।

44. वह कौन सी शाखा है जो मनोविज्ञान की उपयोगिता को स्वीकार करती है?

बाल विकास।

45. 'Types of Men' पुस्तक के लेखक का नाम बताओ।

स्प्रैगर।

46. भाषात्मक परीक्षण का क्या उद्देश्य है?

लिखने पढने का ज्ञान प्राप्त करना।

47. किस बुद्धि लब्धि वाले बालक को औसत कहा जाता है?

90-110।

48. 'वातावरण में सब बाह्य तत्व आ जाते हैं,जिन्होने व्यक्ति को जीवन आरम्भ करने के समय से प्रभावित किया है।' किसका कथन है?

वुडवर्थ।

49. निराशा, मानसिक संघर्ष व तनाव किसको प्रभावित करने वाले कारक है?

समायोजन को।

50. सीखने, तर्क करने, चिंतन करने व कल्पना करने की योग्यता क्या कहलाती है?

बुद्धि।

51. शिशु की भाषा पर किस वातावरण का प्रभाव पड़ता है?

परिवार व विद्यालय।

52. ध्यान कितने प्रकार का होता है?

दो प्रकार का।

53. कितने वर्ष की आयु में हड्डियों का दृढीकरण होता है?

10 से 12 वर्ष की आयु।

54. किस अवस्था में विशिष्ट संवेग मंद गति के स्वभाव के साथ जुड़ता है?

शैशवावस्था।

55. जब व्यक्ति अपने संवेगों का सही प्रकाशन सीख लेता है, तो उसे किस प्रकार का विकास कहते हैं?

संवेगात्मक विकास।

56. बालक की जिज्ञासु प्रवृत्ति किस अवस्था में होती है?

बाल्यावस्था।

57. 'मनोविज्ञान एक वैज्ञानिक अध्ययन है' यह कथन किसका है?

क्रो & क्रो।

58. 'किशोरावस्था संघर्ष, तनाव, तूफान व विरोध की अवस्था होती है।' ये कथन किसका है?

स्टैनहॉल का।

59. सीखने का वक्र क्या सूचित करता है?

सीखने की प्रगति का सूचक।

60. 'समूह में जो परिवर्तन होते हैं, उन्हे गतिशीलता कहते हैं।' किसका कथन है?

कार्टलेविन का।

61. सामर्थों के समुच्चय को क्या कहा जाता है?

बुद्धि।

62. विकास कभी न खत्म होने वाली प्रक्रिया है, यह विचार किससे सम्बंधित है?

निरंतरता के सिद्धांत से।

63. सूक्ष्म गति कौशल का एक उदाहरण बताइये।

लेखन।

64. कौन सा चिंतन संरचनात्मकता से सम्बंधित है?

अपसारी चिंतन।

65. शिक्षा का कौन सा प्रकार कला व सामाजिक विज्ञान पर केंद्रित है?

मानववादी शिक्षा।

66. मूल प्रवृत्तियाँ कितनी है?

14।

67. किसने अपने जीवन काल के दौरान व्यक्तियों के नैतिक विकास के चरणों को स्पष्ट किया?

कोलबर्ग।

68. जीवन काल के दौरान व्यक्तियों के नैतिक विकास के कुल कितने चरण है?

6 चरण।

69. चलचित्र, टेलीविजन, दूरदर्शन, आदि किस शिक्षण सामग्री के उपकरण हैं?

दृश्य – श्रव्य।

70. किण्डरगार्टन का अर्थ क्या होता है?

बच्चों का बागीचा।

71. बुद्धि की स्पीयरमैन परिभाषा में कारक g क्या है?

सामान्य बुद्धि।

72. बुद्धि की स्पीयरमैन परिभाषा में कारक s क्या है?

विशिष्ट बुद्धि।

73. शिक्षक और विद्यार्थी के बीच किस प्रकार का सम्बंध होता है?

स्नेह, विश्वास व सम्मान का।

74. मानसिक विकास में कौन सा कारक विशेष रूप से प्रभावित करता है?

वंशानुक्रम।

75. मानसिक विकास को क्या कहा जाता है?

बौद्धिक विकास।

76. शारीरिक विकास को सबसे ज्यादा प्रभावित करने वाला कारक कौन सा होता है?

स्वास्थ्य।

77. क्रिया प्रसूत का सिद्धांत किसने दिया?

स्किनर।

78. सीखने की प्रक्रिया का प्रमुख कारक क्या है?

प्रेरणा।

79. कोहलर ने अपना प्रयोग किस पर किया?

चिम्पैंजी।

80. कोहलर ने अपना प्रयोग जिस चिम्पैंजी पर किया था उसका नाम बताइये?

सुल्तान।

81. पुनर्बलन सिद्धांत के प्रवर्तक कौन थे?

हल।

82. पावलव का जन्म कहाँ हुआ था?

रूस में।

83. पावलव के सिद्धांत में स्वाभाविक उत्तेजक क्या था?

भोजन।

84. पावलव के सिद्धांत में अस्वाभाविक उत्तेजक क्या था?

घण्टी।

85. थार्नडाइक ने सम्बंधवाद का प्रतिपादन किस पुस्तक में किया था?

एनीमल इंटेलीजेंस।

86. थार्नडाइक के अधिगम के गौण नियम लिखो?

- बहुप्रतिक्रिया का नियम,
- मानसिक स्थिति व मनोवृत्ति का नियम,
- आंशिक क्रिया का नियम,
- आत्मीकरण का नियम,
- साहचर्य परिवर्तन का नियम।

87. हड्डियों का विकास किस आयु में होता है?

16 वर्ष।

88. अनुभव द्वारा व्यवहार में परिवर्तन को क्या कहते हैं?
सीखना (अधिगम)।
89. छात्र में रूचि उत्पन्न करने की क्रिया को क्या कहते हैं?
प्रेरणा।
90. दूसरे वर्ष के अंत तक शिशु का शब्द भण्डार कितना हो जाता है?
100 शब्द।
91. मनुष्यों में विकास की सबसे तेज़ गति किस अवस्था में होती है?
किशोरावस्था में।
92. बुद्धि का तरल मोजक मॉडल किसने दिया था?
कैटेल ने।
93. पावलॉव ने सीखने के अनुबंधन प्रतिक्रिया सिद्धांत का प्रतिपादन किस जीव पर प्रयोग करके दिया था?
कुत्ते पर।
94. 'स्मृति सीखी गई वस्तु का सीधा उपयोग है।' यह कथन किसका है?
वुडवर्थ का।
95. अंतर्मुखी, बहिर्मुखी व उभयमुखी व्यक्तित्व का वर्गीकरण किसने किया था?
युंग ने।
96. संप्रत्यय निर्माण के कितने सोपान हैं?
प्रत्यक्षीकरण, विभेदीकरण, पृथक्करण, सामान्यीकरण।
97. कक्षा शिक्षण में पाठ प्रस्तावना सोपान सीखने के किस नियम पर आधारित है?
तत्परता का नियम।
98. ध्यान को केंद्रित करने की आंतरिक दशा क्या है?
रुचि।
99. व्यक्तित्व का सामाजिक अधिगम सिद्धांत किसने दिया था?
बण्डूरा व वाल्टर।
100. एकांत में विश्वास रखने वाले किस व्यक्तित्व के अंतर्गत आते हैं?
अंतर्मुखी व्यक्तित्व।

101. बुद्धि का प्रथम वाचक सामूहिक परीक्षण कौन सा है?

आर्मी एल्फा परीक्षण।

102. क्रियात्मक अनुसंधान किस मनोविज्ञान की उपज है?

सामाजिक मनोविज्ञान।

103. शिक्षा का अधिकार की प्रकृति किस प्रकार की है?

संवैधानिक।

104. निःशुल्क व अनिवार्य शिक्षा का अधिकार अधिनियम-2009 का विस्तार किस राज्य में नहीं है?

जम्मू कश्मीर।

105. गर्भस्थ शिशु में संवेदनशीलता का विकास कहाँ से प्रारम्भ होता है?

सिर से (मस्तिष्क)।

106. यौन परिपक्वता में कौन सी ग्रंथि महत्वपूर्ण होती है?

पीयूष ग्रंथि या मास्टर ग्रांथि।

107. बालक का प्रथम विद्यालय किसे माना जाता है?

परिवार को।

108. पियाजे के अनुसार मूर्त संक्रियाओं का स्तर किस अवधि में घटित होता है?

7 वर्ष से 11 वर्ष तक।

109. सीखने का वह मॉडल बताइये जो बच्चों की सृजनात्मकता को उत्प्रेरित करता है?

रचनावादी मॉडल।

110. प्रखर बुद्धि-लब्धि वाले बालकों का बुद्धि लब्धि कितना होता है?

121 से 130।

111. बहुबुद्धि सिद्धांत के प्रतिपादक कौन थे?

हॉवर्ड गार्डनर।

112. बुरी आदतों को किस प्रकार सुधारा जा सकता है?

अनुबंधन द्वारा।

113. NCF 2005, किस पर बल देता है?

करके सीखने पर।

114. मूल्यांकन की प्रकृति कैसी होती है?

उपचारात्मक व निदानात्मक।

115. आर्थिक रूप से कमजोर समुदाय के बच्चों हेतु निजी स्कूलों में कितने % आरक्षण का प्रावधान है?

25 % का।

116. जॉन डेवी को किस मनोवैज्ञानिक से प्रेरणा मिली थी?

विलियम जेम्स से।

117. शिक्षा का कौन सा प्रकार कला व सामाजिक विज्ञान पर केंद्रित है?

मानववादी शिक्षा।

118. मानव विकास किस प्रकार की प्रक्रिया है?

मात्रात्मक व गुणात्मक।

119. बच्चों के बैद्धिक विकास के चार अलग चरणों को किसके द्वारा पहचाना गया था?

पियाजे (चार अवस्थायें)।

120. संज्ञानात्मक विकास की 4 अवस्थायें कौन कौन हैं?

संवेदीप्रेरक अवस्था, पूर्व संक्रियात्मक अवस्था, मूर्त संक्रियात्मक अवस्था, औपचारिक संक्रियात्मक अवस्था।

121. वह स्तर जिसमें बालक किसी वस्तु एवं घटना के बारे में तार्किक रूप से सोचना प्रारम्भ करता है, क्या कहलाता है?

मूर्त क्रियात्मक अवस्था।

122. बच्चों के संज्ञानात्मक विकास सबसे अच्छे तरीके से कहाँ परिभाषित किया जा सकता है?

विद्यालय व कक्षा में।

123. अल्प वयस्क बच्चों के अधिगम में अभिभावकों की भूमिका होनी चाहिये?

अग्र सक्रिय।

124. सीखने में सुधार के तरीके को क्या कहते हैं?

आंकलन।

125. किस अवस्था में दोहराने की प्रवृत्ति होती है?

शैशवावस्था।

126. सामान्य बुद्धि 90 से 110 के बीच में किसने माना है?

टर्मन ने।

127. तूफान व संघर्ष की अवस्था किस काल को कहा जाता है?

किशोरावस्था को।

128. खेल द्वारा शिक्षा किस विधि में दी जाती है?

किण्डगार्टन विधि में।

129. शिक्षा का शाब्दिक अर्थ क्या है?

नेतृत्व करना।

130. काल्सनिक के अनुसार संकल्पना का पुनर्गठन क्या है?

चिंतन।

131. थार्नडाइक ने कितने गौण नियम बताइये?

5 नियम।

132. विकासात्मक मनोविज्ञान के जनक कौन है?

जीन पियाजे।

133. जन्म के समय शिशु में कौन सा संवेग होता है?

उत्तेजना।

134. किशोरावस्था में बालक का व्यक्तित्व कैसा हो जाता है?

अंतर्मुखी।

135. 'प्रेरणा छात्र में रुचि उत्पन्न करने की कला है।' कथन किसका है?

थॉमसन का।

136. किस अवस्था में कल्पना की क्षमता सबसे अधिक होती है?

शैशवावस्था में।

137. शिक्षा के क्षेत्र में क्रियात्मक अनुसंधान का सर्वप्रथम उपयोग किसने किया था?

बंकिघम ने।

138. क्रियात्मक अनुसंधान का अंतिम चरण क्या है?

निष्कर्ष।

139. समायोजन कैसी प्रक्रिया है?

गतिशील।

140. शिक्षा का प्रमुख गुण क्या है?

चरित्र निर्माण करना।

141. सीखी हुई बात को स्मरण रखने या पुनः स्मरण करने की असफलता को क्या कहते हैं?

विस्मृति।

142. किसके अनुसार इदम्, अहम् व पराहम् व्यक्तित्व के तीन घटक हैं?

फ्रायड।

143. अधिगम में प्रयत्न व भूल के सिद्धांत का प्रतिपादन किसने किया?

थॉर्नडाइक।

144. 'बालक का विकास अनुवांशिकता व वातावरण का गुणनफल होता है।' किसका कथन है?

वुडवर्थ।

145. भावों व विचारों के आदान प्रदान को क्या कहते हैं?

सम्प्रेषण।

146. सर्वप्रथम भाषा का प्रयोग किस रूप में हुआ?

संकेतों के रूप में।

147. भाषा व विचारों में कैसा सम्बंध है?

घनिष्ठ।

148. भाषा में परिवर्तन का क्या कारण होता है?

स्थान विशेष की जलवायु।

149. अभिक्रमित अनुदेशन किस मनोवैज्ञानिक ने दिया था?

स्किनर ने।

150. क्रिया को प्रारम्भ करना, जारी रखना व नियंत्रित रखने की प्रक्रिया को क्या कहते हैं?

अभिप्रेरणा।

151. मानसिक आयु की अवधारणा किसने प्रस्तुत की?

बिने ने।

152. सबसे जटिल व गहन समाजीकरण कौन सी अवस्था में होता है?

किशोरावस्था में।

153. स्किनर ने अपना प्रयोग किस जीव पर किया?

चूहे पर।

154. शिक्षा की डाल्टन प्रणाली किस पर आधारित है?

खेल विधि।

155. चेतना शब्द की निंदा किस मनोवैज्ञानिक ने रखी?

मैक्डूगल।

156. 'संवेदना ज्ञान की पहली सीढी है' यह किस प्रकार का विकास है?

मानसिक विकास।

157. प्रयोगात्मक मनोविज्ञान के जन्मदाता कौन थे?

विलियन वुण्ट।

158. मिथ्या परिपक्वता का काल किस अवस्था को कहा जाता है?

बाल्यावस्था।

159. बनारस संस्कृत कॉलेज कब और किसके द्वारा प्रारम्भ हुआ?

1791 में, जोनायल डकन द्वारा।

160. कलकत्ता मदरसा किस सन में खुला?

1781 में प्रथम गर्वनर जनरल वाअरेन हेस्टिग्स द्वारा।

161. राधाकृष्णन आयोग की नियुक्ति कब हुयी?

4 नवम्बर, 1948 में ।

162. भारतीय शिक्षा आयोग 1882 को अन्य किस नाम से जाना जाता है?

हण्टर कमीशन नाम से।

163. भारतीय विश्वविद्यालय आयोग की नियुक्ति कब हुयी?

1902 में।

164. भारतीय विश्वविद्यालय अधिनियम कब पारित हुआ?

1904 मे कर्जन सरकार ने भारतीयों की बिना परवाह के।

165. राष्ट्रीय शिक्षा नीति की समीक्षा कब हुयी?

1992 में राष्ट्रीय शिक्षा नीति,1986 की समीक्षा की गयी व उसमें संशोधन किये गये,जिसे कार्यांवयन कार्यक्रम-1992 कहा गया।

166. राष्ट्रीय शिक्षा नीति 1992 को समझाइये।

वह नीति जो किसी राष्ट्र विशेष में शिक्षा के आधार, माप-दण्डों व शैक्षिक गतिविधियों के सफल परिणाम को स्थापित करती है।

167. प्राथमिक शिक्षा में सर्वव्यापी नामांकन क्या है?

6 से 14 वर्ष के प्रत्येक बालक व बालिका का अनिवार्य रुप से प्रवेश दिलाने को सर्वव्यापी नामांकन कहते है।

168. राष्ट्रीय साक्षरता मिशन की स्थापना कब हुयी?

5 मई, 1988 को राष्ट्र स्तर पर हुयी।

169. उ.प्र. बेसिक शिक्षा अधिनियम कब लागू हुआ?

25 जुलाई, 1972 को।

170. उ.प्र. बेसिक शिक्षा परिषद का गठन कब हुआ?

25 जुलाई, 1972 में।

171. बालक पहले किस माँस–पेशियों पर नियंत्रण करना प्रारम्भ करता है?

हाथ एवं पैर।

172. भय, क्रोध, घृणा, वात्सल्य, करुणा, आश्चर्य क्या हैं?

संवेग।

173. मूर्त संक्रियात्मक क्रिया का काल होता है?

7 से 11 वर्ष।

174. संज्ञानात्मक विकास के सिद्धांत के प्रवर्तक कौन थे?

जीन पियाजे।

175. बुद्धि लब्धि किसका सूचकांक है?

मानसिक विकास की दर का।

176. 'बुद्धि अमूर्त चिंतन की क्षमता है।' कथन किसका है?

टरमैन का।

177. बुद्धि लब्धि को प्रभावित करने वाले कारक बताओ।

बीमारी, भाषा भिन्नता, पारिवारिक समस्या।

178. मस्तिष्क का विकास किस ग्रंथि से होता है?

पिनियल ग्रंथि।

179. "संवेग व्यक्ति की उत्तेजित दशा होती है" ये कथन किसका है?
वुडवर्थ का।

180. मैक्डूगल के अनुसार कितने संवेग हैं?
मैक्डूगल ने 14 संवेगों की व्याख्या की है।

181. सीखने में पलायन किस पर आधारित होता है?
नकारात्मक पुनर्बलन पर।

182. शिक्षण किसे कहते है?
एक शिक्षक अपने छात्रों को सिखाने के लिये जिस क्रिया का प्रयोग करता है या सीखने के लिये प्रेरित करता है, इसी को शिक्षण कहते हैं।

183. अभिप्रेरणा किसे कहते हैं?
अभिप्रेरणा प्रणाली की वह आंतरिक दशा है जो प्राणी में क्रियाशीलता उत्पन्न करती है व लक्ष्य प्राप्ति तक चलती रहती है।

184. मनोवैज्ञानिकों ने मनुष्य को क्या माना है?
यंत्र।

185. दूसरों के कार्य को देख कर उसी तरह कार्य करना क्या कहलाता है?
अनुकरण।

186. लिखने की अक्षमता से सम्बंधित दो रोगों या समस्याओं के नाम लिखो।
डिस्ग्राफिया, अग्रैफिया, डिस्प्रैक्सिया।

187. अफेज्या किस प्रकार की अधिगम अक्षमता का प्रकार है?
मौखिक रूप से सीखने की अक्षमता।

188. सीखी गई क्रिया का अन्य समान परिस्थितिओं में उपयोग किया जाना क्या कहलाता है?
अधिगम स्थानांतरण।

189. किन्ही दो जन्मजात प्रेरकों का नाम लिखो।
भूख, प्यास, नींद, काम।

190. कौन से जन्मजात प्रेरकों नहीं है?
मदव्यसन, आदत।

191. थार्नडाइक द्वारा प्रतिपादित सीखने के मुख्य नियम कितने हैं?
तीन नियम : तत्परता, प्रभाव, अभ्यास।

192. प्रयत्न व भूल के सिद्धान्त को दर्शाने के लिये थार्नडाइक ने किस पर प्रयोग किया था?

बिल्ली पर।

193. मैक्डूगल के अनुसार अभिप्रेरणा की व्याख्या किस आधार पर की जा सकती है?

जन्मजात मूल प्रवृत्तिओं के आधार पर।

194. कोहलर का प्रयोग सीखने के किस सिद्धांत से सम्बंधित है?

सूझ से।

195. बालक में नैतिक मूल्यों का विकास कब होता है?

5 वर्ष में।

196. दूसरे के कार्यों या व्यवहार को जान बूझकर के अपनाना क्या कहलाता है?

अनुकरण।

महत्वपूर्ण परिभाषायें / कथन

1. "मनोविज्ञान चेतना का विज्ञान है।" ये कथन किसका है?

जेम्स।

2. "मनोविज्ञान शिक्षा का आधारभूत विज्ञान है।" ये कथन किसका है?

स्किनर।

3. "शिक्षा-मनोविज्ञान शिक्षण विधियों के चयन में शिक्षक की सहायता करता है।" ये कथन किसका है?

स्किनर।

4. "मनुष्य की अंतर्निहित पूर्णता को अभिव्यक्त करना शिक्षा है।" ये कथन किसका है?

स्वामी विवेकानंद।

5. "स्वस्थ शरीर में स्वस्थ मस्तिष्क का निर्माण होना ही शिक्षा है।" ये कथन किसका है?

अरस्तु।

6. "दूरस्थ या परोक्ष वस्तुओं के सम्बंध में चिंतन करना ही कल्पना है।" ये कथन किसका है?

मैकडूगल।

7. "माता-पिता की शारीरिक व मानसिक विशेषताओं का संतान में हस्तांतरित होना वंशानुक्रम है।" ये कथन किसका है?

जेम्स ड्रेवर।

8. "वंशानुक्रम व्यक्ति की जन्मजात विशेषताओं का पूर्ण योग है।" ये कथन किसका है?

बी. एन. झा।

9. "मनुष्य स्वतंत्र पैदा होता है, किंतु वह बाद में सब ओर से जंजीरों से बांध दिया जाता है।" ये कथन किसका है?

रूसो।

10. संग्रह करने की प्रवृत्ति किस अवस्था में पाई जाती है?

बाल्यावस्था।

11. "विद्या से अमरत्व की प्राप्ति होती है।" कहाँ पर उल्लेख है?

यजुर्वेद में।

12. "शैशवावस्था को सीखने का आदर्श काल कहा जाता है।" ये कथन किसका है?

वेलेंटाइन।

13. "3 से 6 वर्ष तक बच्चा अर्द्ध स्वप्न में रहता है।" ये कथन किसका है?

थार्नडाइक।

14. "शैशवावस्था द्वारा जीवन का पूरा क्रम निश्चित होता है।" ये कथन किसका है?

एडलर।

15. बाल्यावस्था को मिथ्या परिपक्वता किसने कहा है?

रॉस।

16. बाल्यावस्था को संवेगात्मक विकास का अनोखा काल कहा जाता है?

कोल & ब्रूस ने।

17. "मनुष्य को जो कुछ बनना होता है, प्रारम्भ के 4-5 वर्षों में ही बन जाता है।" ये कथन किसका है?

फ्राइड।

18. "किशोरावस्था बड़े दबाव, तनाव तूफान व संघर्ष की अवस्था होती है।" ये कथन किसका है?

स्टेनले हाल।

19. "किशोर ही वर्तमान की शक्ति व भावी आशा को प्रस्तुत करता है।" ये कथन किसका है?

क्रो &क्रो।

20. "इस बात पर कोई मतभेद नहीं हो सकता है कि किशोरावस्था जीवन का सबसे कठिन काल है।" ये कथन किसका है?

किलपैट्रिक।

21. "किशोरवस्था में जो शारीरिक मानसिक व संवेगात्मक परिवर्तन होते हैं, वे अकस्मात होते हैं।" ये कथन किसका है?

जी. एस. हाल।

22. "पाठ्यक्रम शिक्षक के हाथों में एक साधन है, जिससे वह अपने छात्र को अपने कला-कक्षा में अपने शैक्षिक लक्ष्यों के अनुसार ढालता है।" ये कथन किसका है?

बकिंघम।

23. "बुद्धि सीखने की योग्यता है।" ये कथन किसका है?

बकिंघम।

24. "बुद्धि अमूर्त चिंतन की क्षमता है।" ये कथन किसका है?

टरमैन।

25. "बुद्धि कार्य करने की एक विधि है।" ये कथन किसका है?

वुडवर्थ।

26. बहुमानसिक योग्यता का सिद्धांत किसने दिया था?

थार्नडाइक।

27. बुद्धि लब्धि का आविष्कार किसने किया था?

टरमैन ने।

28. बालक के संज्ञानात्मक विकास का सिद्धांत किसने दिया था?

जीन पियाजे।

29. बुद्धि को सामाजिक बुद्धि, स्थूल बुद्धि व अमूर्त बुद्धि के रूप में किसने विभाजित किया है?

थार्नडाइक।

30. पादानुक्रमित बुद्धि सिद्धांत के प्रतिपादक का नाम बताओ।

बर्नर।

31. "बुद्धिमत्ता का आधार शारीरिक लक्षण है।" ये कथन किसका है?

लैवेटर।

32. जड़ बुद्धि वालों की बुद्धि लब्धि कितनी होती है?

70 से कम।

33. "क्रिया परीक्षण समूह" किसकी देन है?

भाटिया की।

34. "मनोविज्ञान मानव प्रकृति का अध्ययन है।" किसका कथन है?

बोरिंग।

35. "बाल्यावस्था प्रतिद्वंदात्मक समाजीकरण का काल है।" किसका कथन है?

किलपैट्रिक।

36. "मनोविज्ञान व्यवहार का निश्चित विज्ञान है।" किसका कथन है?

वॉटसन।

37. "किशोरावस्था जीवन का सबसे कठिन काल है।" किसका कथन है?

स्टेनले हॉल।

38. बुद्धि मॉडल की संरचना किसके द्वारा प्रस्तुत की गई है?

गिलफोर्ड।

39. "व्यवहार ही व्यक्तित्व है।" किसका कथन है?

वॉटसन।

40. लिबिडो की अवधारणा का प्रतिपादन किसने किया था?

फ्रायड।

41. "मनोविज्ञान वातावरण के सम्पर्क में होने वाले मानव विज्ञानों का व्यवहारों का विज्ञान है।" किसका कथन है?

वुडवर्थ।

42. "व्यक्तित्व समस्त शारीरिक, जन्मजात व अर्जित वृत्तियों का योग है।" किसका कथन है?

मार्टन।

43. "तुम मुझे कोई भी बालक दो और मैं उसे कुछ भी बना सकता हूँ।" किसका कथन है?

वॉटसन।

44. "व्यक्तित्व का विकास व्यक्ति में उपस्थित अभिप्रेरकों के द्वारा होता है।" किसका कथन है?

अब्राहम मैसलो।

45. "रूचि का अर्थ अंतर करना है।" किसका कथन है?

भाटिया।

46. मिनेसोटा बहुपक्षीय व्यक्तित्व सूची का निर्माण सर्वप्रथम किसने किया?

हाथवे और मैकिनले।

47. "व्यक्तित्व व्यक्ति के व्यवहार की समग्र विशेषता है।" किसका कथन है?

वुडवर्थ।

48. "चिंतन संज्ञानात्मक पक्ष में एक मानसिक क्रिया है।" किसका कथन है?

रॉस।

49. "वातावरण वह बनावटी शक्ति है जो हमें प्रभावित करती है।" किसका कथन है?

रॉस।

50. "अभिवृद्धि से आशय शरीर व शारीरिक अंग में भार तथा आकार की दृष्टि से वृद्धि होना है, ऐसी वृद्धि जिसका मापन सम्भव हो।" किसका कथन है?

सोरेंसन।

51. "अभिप्रेरणा किसी कार्य को प्रारम्भ करने, जारी रखने, नियंत्रित करने अथवा नियमित करने की प्रक्रिया है।" किसका कथन है?

गुड।

52. "डिस्लैक्सिया" किस प्रकार की अधिगम अक्षमता का प्रकार है?

पढने की अक्षमता।

53. जन्म से मृत्यु तक चलने वाली प्रक्रिया को क्या कहते हैं?

विकास।

54. अचेतना का सिद्धांत किसने दिया?

एडलर ने।

55. "सीखने में सफल अनुभव अधिक सीखने की प्रेरणा देते हैं।" किसका कथन है?

फ्रेण्डसन।

56. मानवतावादी मनोविज्ञान के आध्यात्मिक जनक कौन हैं?

अब्राहम मैसलो।

57. टी.ए.टी. परीक्षण का निर्माण किसने किया था?

मोर्गन और मुरे।

58. कौन मानता है – “इद्, इगो और सुपर इगो को मानव संरचना का विभिन्न अंग हैं।”

फ्रायड।

59. “केवल दो प्रकार की मूल प्रवृत्ति है, मृत्यु एवं जीवन” किसका विचार है?

फ्रायड।

60. “वातावरण में सब बाह्य तत्व आ जाते हैं,जिन्होने व्यक्ति को जीवन आरम्भ करने के समय से प्रभावित किया है।” किसका कथन है?

वुडवर्थ।

61. “अनुभव द्वारा व्यवहार परिवर्तन ही सीखना है।” किसका कथन है?

गेट्स।

ENGLISH

1. Some Important Synonyms :

Source – Origin

Keen – Clever

Settle – Adjust

Excuse – Reason

Furious – Mad

Lean – Thin, Slim.

Ardent – Passionate, Earnest.

Bliss – Joy, Felicity.

Impel – Rouse, Stimulate.

Augment – Enhance, Increase.

2. Some Important Antonyms :

Gain – Lose

Allow – Deny

Noise – Quiet

Lend – Borrow

FRUGAL – LAVISH

UNBIASED – PREJUDICED

Demand – Supply

Conceal – Reveal

Latent – Obvious.

Flourish – Degenerate.

3. By the way I reach America. It _____ morning. (must be, was, **would be**)
4. While picking a rose she _____ her hand on a thorn. (stung, cut, **scratched**)

5. The criminal together with his associates ____ arrested. (are, **was**, have)
6. She is a good girl ____ is my friend. (which, **who**)
7. I am sorry ____ the mistake. (from, **for**, with)
8. One Word Substitution :

A specialist who tests eyesight – Ophthalmologist.

Against the law – Illegal.

Government by people's representatives – Democracy.

One who walks in sleep – Somnambulist.

A government by officials. – Bureaucracy.

A collection of poem – Anthology.

The dead body of an animal – Carcass.

9. Idioms & Phrases :

Up in arms – Ready to fight.

Down and out – Very poor.

Tie the knot – Get married.

White Elephant – Something that is more trouble than it is worth.

Alpha and Omega – Beginning and end.

A man of mark – A renowned person.

10. I do it _______ I like it. (**because**, but, by)
11. There is ____ box of sweets on ____ table. (**a**, an, **the**)
12. I don't feel tired ___ the morning. (**in**, on)
13. Mrs. Sarla teaches us grammar. (change into passive voice)

We are taught grammar by Mrs. Sarla.

14. In_e_en_en_e – Independence

Op_o_tu_i_y – Opportunity.

15. Find errors :
(A) One / (B) has to do / **(C) his duty** / (D) no error.
16. Mohan ____ his work. (do / **does**)
17. All that ____ is not gold. (**glitters** / glittering)
18. He did his work. (change into negative)
He did not do his work.
19. 'Please do this work' is a (**Imperative** / Complex / Interrogative) sentence.
20. 'Although he is rich he is not happy.' Is a (Simple / **Complex** / Compound) sentence.
21. The thief _____ run away before police came. (**had**, has, have, was)
22. The percentage of good scientists ___ very low. (are, were, **is**)
23. He builds not only a house _______ a garage. (**but also**)
24. 'She drinks water.' Change into passive voice.
Water is drunk by her.
25. I met neither Gopal ______ his mother. (or, but, **nor**)
26. The chairman, as well as the members, _____ to blame for this misfortune. (are, **is**, were)
27. Unless you **grease his palms** he will not do your work.
What is the meaning for underlined idiom?
It means: bribe him.
28. Our plan to go to London is in the air.
What is the meaning for underlined idiom?
In the air : Undecided.
29. Ten books of this library ____ missing. (is, **are**)

30. 'A book written by an unknown author' One word Substitution for this?

Anonymous.

31. 'A place where birds are kept' One word substitution for this?

Aviary.

32. 'I saw her in the bus.' Change into Interrogative Sentence.

Did I see her in the bus?

33. A gender that is associated with men is called?

Masculine Gender.

34. The study of living organisms is called?

Biology.

35. A bus collided ________ a car. (by, on, **with**)

36. A word that qualifies the quality, quantity, number & serial of noun and pronoun is called?

Adjective.

37. A gender that is associated with women is called?

Feminine Gender.

38. Correct meaning of idiom 'Backed Up' – Supported.

39. A text written in codes is called?

Cryptology.

40. How many degrees of comparison?

Three degree.

41. A group of words that makes a complete sense is called?

Sentence.

42. The killing of one's son or daughter is called?

Filicide.

43. A gender that belongs to both men and women is called?

Common Gender.

44. A sentence that states a fact or statement is called?

Assertive Sentence.

45. Bad handwriting is called?

Cacography.

Parts Of Speech

There are 8 parts of speech :

I. NOUN (संज्ञा)

II. PRONOUN (सर्वनाम)

III. ADJECTIVE (विशेषण)

IV. VERB (क्रिया)

V. ADVERB (क्रिया विशेषण)

VI. PREPOSITION (सम्बंध वाचक)

VII. CONJUNCTION (संयोजक)

VIII. INTERJECTIONS. (विस्मयादिबोधक)

NOUN: A Noun is the name of a person, place, thing or idea. All naming words are Noun.

Ex. Kanpur, India, Hindi, Ram etc.

Types of Noun:

- Abstract Noun

Ex. Honesty, Healthy, Pain etc.

- Common Noun

Ex. Building, Tool, Season etc.

- Collective Noun

Ex. Army – Collection of Soldiers,
Class – Collection of Students.

- Proper Noun

Ex. Delhi, Taj Mahal, Eiffel Tower, India etc.

- Material Noun

Ex. Wood, Iron, Gold etc.

Pronoun: A Pronoun is a word used instead of a Noun.

Ex. I, me, we, us, you, she, her, they etc.

There are several types of Pronouns:

- Personal Pronoun

Ex. First Person – I, me, we, us, mine, ours.

Second Person – you, your.

Third Person – he, she, him, her, they, them.

- Reflexive Noun

Ex. Myself, ourselves, yourself, himself, herself, itself etc.

- Demonstrative Pronoun

Ex. This, these, that, those.

- Interrogative Pronoun

Ex. Who, what, which, whom etc.

- Relative Pronoun

Ex. That, who, whom, which etc.

VERB: A Verb is a word which says something about a subject.

Ex. Eat, fly, read etc.

Types of Verb:

- Transitive Verb: A Verb which requires an object after it to complete its sense.

Ex. Fire burns, The sun shines.

- Intransitive Verb: A Verb which doesn't require an object to complete its sense but makes good sense by itself.

Ex. The women became sad.

Articles

An **Article** is a word that combines with a noun to indicate the type of reference being made by noun. An Article is sometimes called a **Noun Marker** also.

There are only three Articles in English: ***A, An & The***.

There are two types of Articles:

- Indefinite Articles(A, An) (अनिश्चित),
- Definite Articles(The) (निश्चित).

Use of 'A' :

- Article A is used before a consonant.

Ex. A girl, a boy, a guest etc.

- It is also used before such vowels that have sounds of consonant.

Ex. A European, a university, a useful book etc.

Use of 'An':

- Article An is used before a vowel (a, e, i, o, u).

Ex. An Eye, an ox, an idiot etc.

- It is also used before a consonant beginning with vowel sound.

Ex. An honest man, an hour, an x-ray etc.

Use of 'The':

- Article 'The' is used to talk about geographical points on the globe.

Ex. The North Pole etc.

- 'The' is used to talk about rivers, oceans & seas.

Ex. The Nile, The Pacific, The Ganga etc.

- 'The' is used before certain nouns when we know there is only one of particular thing.

Ex. The rain, The sun, The earth, The White House etc.

- 'The' is used before superlatives degree.

Ex. He is the best singer.

- 'The' is used before proper, material & abstract nouns to make them common.

Ex. The water of the Yamuna.

One Word Substitution

• One who is all powerful	Omnipotent
• One who can speak two languages	Bilingual
• One who loves mankind	Philanthropist
• One who hates mankind	Misanthrope
• One who works for free	Volunteer
• One who goes on foot	Pedestrian
• One who has strange habits	Eccentric
• One who speaks less	Reticent
• One who helps others	Samaritan
• One who hates women	Misogynist
• One who is easily deceived	Gullible
• One who knows many languages	Polyglot
• One who thinks only of himself	Egoist
• One who changes sides	Turncoat
• One who believes in fate	Fatalist
• People who work together	Colleagues

Opposite Words

Ancient(प्राचीन) – Modern(आधुनिक)

Bitter – Sweet

Barren(बंजर) – Fertile(उपजाऊ)

Cold – Hot

Conceal(छिपाना) – Reveal(दिखाना)

Like – Dislike

Gentle – Rough

Include – Exclude

Few – Many

Dense(घना) – Sparse(विरल)

Synonyms

Avoid(अनदेखा) – Ignore

Arrogant(घमंडी) – Imperious

Brilliant(मेधावी) – Clever, Intelligent

Bliss(आनंद) – Happiness, Joy

Cease(बंद करना) – Stop, Desist

Clear(स्पष्ट) – Frank

Competent(सक्षम) – Able, Capable

Essential(मूलभूत) – Basic, Necessary

Exploration(खोज) – Discovery

Geniune(असली) – Actual, Real

Language Learning

1. Explain the methods of Teaching Reading.

There are following methods of Teaching Reading:

- The Alphabet Method
- The Phonic Method
- Look & Say Method
- The Sentence Method

2. What is Story Method?

In this method a simple story is taken, which is interesting in dealing with connected with child's everyday life.

3. The way through which the art of using skill & practice is given to learn it than it is called as?

Learning.

4. When language is learnt naturally & without any systematic practice then it is called as?

Acquisition.

5. What is Approach?

It states a point of view or philosophy or an assumption which one believes but can't necessarily prove.

6. When languages are learnt without any practice it is called as?

First Language.

7. Write the Methods & Approach of Teaching English.

- The Structural Approach
- The Situational Approach
- The Communicative Approach
- Bilingual Approach
- The Grammar Translation Method
- The Direct Method
- Dr. West's new Method
- Audio-lingual Method.

8. What is Poetry?

Poetry is a form of literature that uses aesthetic & rhythmic quality of language.

9. Give 2 aims of Poetry?

- To enable students to appreciate the beauty.
- Rhyme & style of poem.

10. Explain the aspects of Poetry.

Poetry has 3 aspects:

- Emotional
- Imaginative
- Rhythmic.

11. What is Language Games?

Language Games are admirable way to practice language because they place language in social context.

12. What is Conversation?

Conversation is a dialogue between 2 persons.

गणित

1. दो अंकों की महत्तम अभाज्य संख्या के अंकों के वर्गों का योगफल क्या होगा?

दो अंकों की महत्तम अभाज्य संख्या = 97

(9 X 9) + (7 X 7) = 81 + 49

= 130

2. राजू एक कार्य को 20 दिन में करता है, जब कि रमन उसी कार्य को 30 दिन में करता है यदि दोनो साथ मिलकर कार्य करें तो उन्हे कितने दिन लगेंगे?

= (1/20) + (1/30)

= (20 + 30) / (20 X 30)

कुल दिन = 600 / 50

= 12 दिन।

3. यदि कोई व्यक्ति 9.6 किमी. की दूरी 4 घण्टे में तय करता है, तो उसके द्वारा 10 घण्टे में तय की गई दूरी बताइये।

व्यक्ति द्वारा 1 घण्टे में तय की गई दूरी

= 9.6 / 4 = 2.4 किमी.

10 घण्टे में चली गई दूरी = 2.4 X 10

= 24 किमी.

4. एक परिवार में दादा-दादी, माता-पिता और तीन बच्चे हैं। दादा-दादी की आयु का औसत 67 वर्ष है, माता-पिता की आयु का औसत 35 वर्ष है और तीन बच्चों की आयु का औसत 6 वर्ष है, परिवार की औसत आयु बताइये।

कुल सदस्य = 2 + 2 + 3 = 7

कुल आयु = 67 X 2 + 35 X 2 + 6 X 3

= 134 + 70 + 18 = 222

औसत आयु = कुल आयु / कुल सदस्य

= 222 / 7 = 31.57 वर्ष

5. यदि 2, b और 8 वितत् समानुपात में है, तो b का मान ज्ञात करो।

2 : b : : b : 8

2 / b = b / 8

b X b = 16

b = 4

6. 13 संख्याओं का औसत 50 है, प्रथम 7 संख्याओं का औसत 45 है और अंतिम 7 संख्याओं का औसत 55 है, तो 7वीं संख्या का मान ज्ञात करो।

7वीं संख्या का मान = (प्रथम 7 का औसत + अंतिम 7 का औसत) – 13 संख्याओं का औसत

= 7 X 45 + 7 X 55 – 13 X 55

= 315 + 385 – 650

= 700 – 650

= 50

7. एक वृत्ताकार बगीचे का व्यास 62 मी. है, बगीचे के चारों तरफ 2 मी. चौड़ी दीवार है। दीवार द्वारा घेरी गई भूमि का क्षेत्रफल बताइये।

बगीचे की त्रिज्या = 62 / 2 = 31 मी.

दीवार सहित त्रिज्या = 31 + 2 = 33 मी.

दीवार द्वारा घेरी गई भूमि का क्षेत्रफल

= दीवार सहित बगीचे का क्षे. – बगीचे का क्षे.

= (33 X 33) π – (31 X 31)π

= [(33 X 33) – (31 X 31)] π

= [(33 + 31) (33 - 31)] π

= (64 X 2) π

= 128 π वर्ग मी.

8. यदि 7 क्रमिक संख्याओं का औसत 20 हो, सबसे बड़ी संख्या बताइये।

n + (n + 1) + (n + 2) + (n + 3) + (n + 4) + (n + 5) + (n + 6) / 7 = 20

(7n + 21) / 7 = 20

n + 3 = 20

n = 17

9. यदि 7 : 8 = x% है, तो x का मान बताओ।

7 : 8 = x / 100

7 / 8 = x / 100

x = 700 / 8

x = 87.5

10. π परिमेय संख्या है या अपरिमेय?

11. 28308 में आये 8 के दोनो स्थानीय मानों का अंतर ज्ञात करो।

8 का स्थानीय मान = 8

दूसरे 8 का स्थानीय मान = 8000

अंतर = 8000 - 8 = 7992.

12. 8, 2 और 0 से बनी तीन अंक की सबसे बड़ी और सबसे छोटी संख्या का अन्तर ज्ञात करो।

8, 2, 0 से बनी -

तीन अंक की सबसे बड़ी संख्या = 820

तीन अंक की सबसे छोटी संख्या = 208

अंतर = 820 – 208 = 612.

13. 5^0 का मान क्या होगा?

5^0 का मान 1 होगा। किसी भी संख्या की घात 0 होने पर उसका मान 1 होता है।

14. चार अंकों की न्यूनतम संख्या में ऐसी कौन सी न्यूनतम संख्या जोड़ी जाये, ताकि प्राप्त संख्या 75 से पूर्णतया विभाजित हो जाये?

चार अंक की न्यूनतम संख्या = 1000

अतः 1000 / 75 =

75)1000(13

75

250

225

25

अतः अभीष्ट न्यूनतम संख्या = 75 – 25 = 50

अतः 50 जोडने पर संख्या 75 से पूर्णतया विभाजित होगी।

15. भाग के प्रश्न में यदि भाजक 51, भागफल 16 व शेषफल 27 है, भाज्य ज्ञात करो।

भाज्य = (भाजक * भागफल) + शेषफल

= (51 * 16) + 27

= 816 + 27 = 843

16. 25 से छोटे 3 के गुणजों की संख्या ज्ञात करो।

3 के गुणज = 3, 6, 9, 12, 15, 18, 21, 24, 27,

30,.................................

25 से छोटे 3 के गुणज = 8.

17. 230 के अभाज्य गुणनखण्ड ज्ञात करो।

2 | 230

5 | 115

23 | 23

| 1

230 के कुल गुणनखण्ड = 2 X 5 X 23.

18. वह छोटी से छोटी संख्या ज्ञात करो जिसे 35, 45, 55 से भाग देने पर क्रमशः 17, 27, 37 शेष बचे।

35 - 17 = 18, 45 – 17 = 18, 55 – 17 = 18

अतः (35, 45, 55 का ल.स.) – 18

= (5 X 3 X 3 X 7 X 11) – 18

= 3465 – 18 = 3447.

19. वह बड़ी से बड़ी संख्या ज्ञात करो जिसे 517 व 815 में भाग देने पर क्रमशः 13 व 17 शेष बचे।

517 – 13 = 504, 815 – 17 = 798

504 व 798 का म. स. ही अभीष्ट मान होगा।

म. स. = 42.

20. 25^6, 25^2, 25^9 का ल.स. क्या होगा?

25^9 होगा क्योंकि आधार समान होने पर ल.स. अधिकतम घात की संख्या होती है।

21. यदि किसी वृत्त में उसके किसी लघु चाप की का अंश माप 70 है तो उसके दीर्घ चाप का अंश माप कितना होगा?

वृत्त का अंश माप = 360

लघु चाप का अंश माप = 70

इसलिये दीर्घ चाप का अंश माप = 360 – 70

= 290

22. कितने समय में 7500 रू. का 11% वार्षिक दर से साधारण ब्याज 4125 रू. हो जायेगा?

मूलधन = 7500रू.

दर = 11%

ब्याज = 4125रू.

समय =?

साधारण ब्याज = (मू. X दर X समय) / 100

समय = (ब्याज X 100) / (मू. X दर)

= (4125 X 100) / (7500 X 11)

= 5 वर्ष.

23. A = {8, 12, 15, 16} , B = {8, 15, 17, 20} है, तो AUB और A B का मान ज्ञात करो।

A = {8, 12, 15, 16},

B = {8, 15, 17, 20}

A U B = {8, 12, 15, 16, 17, 20}

A B = {12, 16, 17, 20}

24. 8 मी. लम्बी, 3.5 मी. ऊँची व 20 सेमी. मोटी दीवार का आयतन ज्ञात करो।

लम्बाई = 8 मी.

ऊँचाई = 3.5 मी.

मोटाई = 20 सेमी. = 0.20 मी.

दीवार का आयतन = ल. X चौ. X ऊँ.

= 8 X 3.5 X .20

= 5.6 घन मी.

25. किसी अर्द्धवृत्त का अंशमाप कितना होता है?

180

26. 400 रू. का 10% वार्षिक ब्याज की दर से 2 वर्ष का चक्रवृद्धि ब्याज ज्ञात करो।

मू. = 400 रू.

दर = 10%

समय = 2 वर्ष

मिश्रधन = मूलधन [1+ (दर / 100)] ^समय

चक्रवृद्धि ब्याज = मिश्रधन – मूलधन

मिश्रधन = 400 [1+ (10 / 100)] ^2

= 400 [1+(1/10)] ^2

= 400 X (11/10) X (11/10)

=484 रू.

च. ब्याज = 484 – 400 = 84 रू.

27. समानुपात किसे कहते हैं?

यदि चार राशियाँ इस प्रकार हों कि प्रथम राशि का द्वितीय राशि से वही अनुपात हो जो तृतीय राशि का चतुर्थ राशि से हो, तो चारों राशियॉ समानुपात में कहलाती हैं।

28. 4 घण्टे व 48 मिनट को अनुपात में समझाइये।

4 घण्टे = 4 X 60 मिनट = 240 मि.

अनुपात = 240 मि. / 48 मि.

= 5 / 1 = 5 : 1

29. 90 को 4 : 5 के अनुपात में विभाजित करो।

अनुपात = 4 : 5

अनुपातिक योग = 4 + 5 = 9

इसलिये प्रथम भाग = (4 X 90) / 9

= 40

दूसरा भाग = (5 X 90) / 9

= 50

30. 3 , 12 का तृतीयानुपाती ज्ञात करो।

माना तृतीयानुपाती = a

3 : 12 : : 12 : a

3 / 12 = 12 / a

3 X a = 12 X 12

a = 144 / 3 = 48

तृतीयानुपाती = 48

31. 16 व 36 का मध्यानुपाती ज्ञात करो।

माना मध्यानुपाती = a

16 : a : : a : 36

16 / a = a / 36

a X a = 16 X 36

a = 24

मध्यानुपाती = 24

32. शेयर का क्या अर्थ है?

पूँजी को प्रायः समान मूल्य की इकाइयों में बाँट दिया जाता है, प्रत्येक इकाई को शेयर कहते हैं।

33. अंशधारी कौन होता है?

शेयर खरीदने वाला व्यक्ति कम्पनी का शेयरधारी या अंशधारी होता है।

34. ab + ac + ad के गुणनखण्ड कीजिये।

ab + ac + ad = a(b + c + d)

35. वृत्त के चाप और उसकी जीवा से घिरा हुआ क्षेत्र क्या कहलाता है?

त्रिज्यखण्ड।

36. पाँच किताबों का मूल्य 55 रू. है, तो 8 किताबों का मूल्य ज्ञात करो।

5 किताबों का मूल्य = 55 रू.

1 किताब का मूल्य = 55 / 5 = 11 रू.

तब 8 किताबों का मूल्य = 11 X 8 = 88 रू.

37. एक दर्जन कलमों का मूल्य 6 रू. है, तो 18 कलमों का मूल्य ज्ञात करो।

1 दर्जन कलम = 12 कलम

अब 12 किताबों का मूल्य = 6 रू.

इसलिये 1 किताब का मूल्य = 6 / 12 रू.

तब 18 किताबों का मूल्य = $\frac{6}{12} \times 18$

= 9 रू.

38. यदि महेश अपनी कक्षा में 5 किग्रा. मिठाई बाँटता है, तो प्रत्येक छात्र को 1/8 किग्रा. मिठाई मिलती है, कुल छात्रों की गणना करो।

छात्रों की संख्या

= कुल मिठाई की तौल / प्रत्येक का हिस्सा

$= \frac{5}{1/8} = 5 \times \frac{8}{1}$

= 40 छात्र .

39. यदि 1 मी. के झण्डे की छाया 75 सेमी. है, तो उस वृक्ष की ऊँचाई बताइये जिसकी छाया 15 मी. है?

1 मी. = 100 सेमी. , 15 मी. = 1500 सेमी.

यदि 75 सेमी. छाया वाले झण्डे की ऊँचाई

= 100 सेमी.

इसलिये 1 सेमी. छाया वाले झण्डे की ऊँचाई

= 100 / 75 सेमी.

तब 1500 सेमी. छाया वाले झण्डे की ऊँचाई

= 1500 X (100 / 75)

= 2000 सेमी. = 20 मी.

40. एक फौजी छावनी में 1200 जवानों के लिये 70 दिन की भोजन सामग्री है। 20 दिन बाद 300 सिपाही और आ गये, तो शेष भोजन सामग्री कितने दिन चलेगी?

20 दिन बाद 1200 जवानों के लिये भोजन सामग्री चलेगी = 70 – 20 = 50 दिन

20 दिन बाद कुल जवान = 1200 + 300

= 1500 जवान

अब 1200 जवानों के लिये भोजन सामग्री चलती = 50 दिन

इसलिये 1 जवान के लिये भोजन सामग्री चलती

= 50 X 1200 दिन

तब 1500 जवानों के लिये भोजन सामग्री चलती

$$= \frac{50 \times 1200}{1500}$$

= 40 दिनों तक।

41. रोमन संख्या पद्धति में 50 को कैसे प्रदर्शित करते हैं?

C

42. चार अंकों की सबसे बड़ी संख्या की पूर्ववर्ती संख्या बताइये।

चार अंकों की सबसे बड़ी संख्या = 9999

9999 की पूर्ववर्ती संख्या = 9999 - 1 = 9998

43. एक संख्या का 2/3 मूल संख्या से 20 अधिक है, मूल संख्या बताइये।

माना संख्या = x

2/3x + 20 = x

x/3 = 20

x = 60

44. 1200 को 7:5 में बांटने पर हमें क्या मिलता है?

7 x + 5 x = 1200

12 x = 1200

x = 100

अब,

7 x 100 = 700

5 x 100 = 500

45. यदि A:B = 2:3, B:C = 4:5 तो C:A का मान बताओ।

A/B = 2/3, B/C = 4/5

A/B x B/C = 2/3 x 4/5

A/C = 8/15

C:A = 15 : 8

46. एक संख्या में यदि 8% घटाने पर 69 आता हो तो संख्या बताओ।

x - x 8% = 69

(100 x - 8 x)/100 = 69

x = (100 x 69) / 92

x = 75

47. 20 छात्रों में 25% गणित में उत्तीर्ण हैं तो कितने छात्र गणित में अनुत्तीर्ण हुये?

उत्तीर्ण छात्र = 25%

अनुत्तीर्ण छात्र = 75%

20 75/100 = 15 छात्र

48. प्रथम पाँच पूर्ण संख्याओं का माध्य बताओ।

प्रथम पाँच पूर्ण संख्यायें = 0, 1, 2, 3, 4

माध्य = (0+1+2+3+4) / 5

= 10/5 = 2

49. एक रेलगाड़ी 80 किमी./घं. की गति से एक प्लेटफार्म को 9 से. में पार करती है, रेलगाड़ी की ल. बताइये।

गति = 80 किमी./घं. = 80 x 5/18 = 400/18 मी./से.

ट्रेन की ल. = गति x समय

= 9 x 400/18

= 200 मी.

50. एक समषटभुज के अंतःकोणों का योग बताओ।

n भुजाओं के बहुभुज के अंतःकोणों का योग

= (n – 2) x 180

= (6 – 2) x 180

= 4 x 180 = 720

51. अभाज्य संख्यायें क्या है?

वे संख्यायें जो केवल 1 और स्वयं से ही पूरी-पूरी विभाजित होती है, अभाज्य संख्यायें कहते हैं।

जैसे : 3, 7, 11 आदि।

52. भाज्य संख्यायें क्या हैं?

ऐसी संख्यायें जो 1 से ही नहीं स्वयं व अन्य संख्याओं से भी पूर्णतः विभाजित होती है, भाज्य संख्यायें कहते हैं।

जैसे: 2, 4, 6, 8 आदि।

53. प्राकृतिक संख्यायें क्या है?

गिनने के लिये प्रयुक्त होने वाली संख्यायें 1, 2, 3, 4,........ गणन संख्यायें या प्राकृतिक संख्यायें कहते हैं।

54. समापवर्त्य क्या है?

वह संख्या या व्यंजन जो दो या दो से अधिक संख्याओं व व्यंजकों में प्रत्येक द्वारा पूर्णतः विभाजित हो जाता है, दी गयी संख्याओं व व्यंजकों का समापवर्त्य कहते हैं।

55. समापवर्तक किसे कहते हैं?

कोई संख्या यदि दी हुई दो या दो से अधिक व्यजकों को पूरा-पूरा विभाजित करें तो उस व्यंजक को समापवर्तक कहते है।

56. गुणन का तत्सम अवयव किसे कहते हैं?

1 को।

57. पूर्णांक क्या है?

सभी पूर्ण संख्यायें या ऋणात्मक संख्यायें, पूर्णांक कहलाती है।

जैसे : {....-3,-2,-1,0,1,2,3,.....}

58. सामानुपात किसे कहते है?

दो समान अनुपातों को समानुपात कहते हैं, समानुपात में 4 पद होते हैं। इसे दर्शाने के लिये ' :: ' चिन्ह का प्रयोग करते हैं।

59. सर्वसमिका किसे कहते है?

चर राशि में ऐसा जिसमें दोनों पक्ष बराबर हों अथवा ऐसा समानता सूचक बीजीय कथन जो चर के प्रत्येक मान के लिये सत्य होता है, सर्वसमिका कहते है।

जैसे : $3x + 5 = 5x - 2 + 5$

60. सजातीय व्यंजक किसे कहते है?

एक ऐसा बहुपद व्यंजक जिसमें केवल एक चर राशि हो, सजातीय व्यंजक कहते है। ऐसे बहुपद व्यंजक में दुसरा चर नहीं होता है।

जैसे : 3x^2 + 2x – 6 = 0

61. विजातीय व्यंजक किसे कहते है?

ऐसे बहुपदीय व्यंजक जिनमें अलग – अलग चर होते है, विजातीय व्यंजक कहते हैं।

जैसे : $3x + 13y + 2$

62. वर्ग अंतराल किसे कहते है?

वे समूह जिनके द्वारा ऑकड़ों को विभक्त किया जाता है, वर्ग अंतराल कहते है।

जैसे : 0-5, 5-10, 10-15,…………

63. बारम्बारता क्या है?

दिये गये ऑकड़ों में आने वाले प्रत्येक ऑकड़े की कुल संख्या को उस ऑकड़े की बारम्बारता कहते हैं।

64. 3 पेन्सिल का मूल्य 55 रु., 58 रु. व 64 रु. हो, तो उनका औसत मूल्य बताओ।

$$\text{औसत} = \frac{55 + 58 + 64}{3}$$

$$= \frac{177}{3} = 59 \text{ रु.}$$

लाभ व हानि

महत्वपूर्ण सूत्र :

- विक्रय मूल्य : जिस मूल्य पर कोई वस्तु बेची जाती है, उसे विक्रय मूल्य कहते हैं।
- क्रय मूल्य : जिस मूल्य पर कोई वस्तु खरीदी जाती है, उसे क्रय मूल्य कहते हैं।
- लाभ = विक्रय मूल्य – क्रय मूल्य
- हानि = क्रय मूल्य – विक्रय मूल्य
- % लाभ = लाभ X 100 / क्रय मूल्य
- % हानि = हानि X 100 / क्रय मूल्य
- क्रय मूल्य = वि. मू. X 100 / (100 + लाभ%)
- क्रय मूल्य = वि. मू. X 100 / (100 – हानि%)

उदाहरण :

1. कोई वस्तु 550 रु. में खरीद कर 595 रु. में बेची जाती है, वस्तु पर लाभ बताइये।

हल :

लाभ = वि. मू. – क्र. मू.

= 595 – 550

= 45 रु.

2. कोई खिलौना 800 रु. में खरीद कर 760 रु. में बेचा जाता है, खिलौने पर %लाभ या %हानि बताओ।

हानि = 800 – 760 = 40 रु.

% हानि = हानि X 100 / क्रय मूल्य

= 40 X 100 / 800

= 5% की हानि।

3. एक घोड़ा 1232 रु. में बेचने पर 12% का लाभ होता है, घोड़े का क्रय मूल्य बताओ।

क्रय मूल्य = वि. मू. X 100 / (100 + लाभ%)

= 1232 X 100 / 100 + 12

= 1232 X 100 / 112

= 1100 रु.

4. कोई दुकानदार अपने सामान को क्रय मूल्य पर ही बेचता है, त्रुटिपूर्ण बॉट का प्रयोग करके 1 किग्रा के स्थान पर 950 ग्रा. तौलता है, लाभ % बताइये।

लाभ % = त्रुटि X 100 / (सही मान - त्रुटि)

= 50 X 100 / (1000 - 50)

= 5000 / 950

= (1000 / 19) %

5. एक घड़ी 10% हानि पर बेची गयी, यदि यह 10 रु. अधिक में बेची जाती तो 10% का लाभ होता, घड़ी का क्रय मूल्य बताइये।

क्रय मूल्य = वि. मू. का अन्तर X 100 / (%लाभ + %हानि)

= 10 X 100 / (10 + 10)

= 1000 / 20

= 50 रु.

6. किसी दुकानदार को कोई वस्तु 240 रु. में बेचने पर 4% की हानि होती है, उसको कितने रु. में बेचा जाये कि 10% का लाभ हो?

दूसरा विक्र. मू.

= पहला विक्र. मू. X (100 +- दूसरा लाभ% या हानि%) / (100 +- पहला लाभ% या हानि%)

= 240 X (100 + 10) / (100 - 4)

= 240 X 110 / 96

= 275 रु.

सांख्यिकी (Statistics)

सांख्यिकी को अंग्रेजी में STATISTICS कहते हैं। इसकी उत्पत्ति लैटिन भाषा के शब्द Status से हुयी है। सांख्यिकी का जन्मदाता गोट फ्राइट एकैनवाल को माना जाता है।

केंद्रीय प्रवृत्ति : किसी श्रेणी में चर का वह मान जो उस श्रेणी का प्रतिनिधित्व करता है, केंद्रीय प्रवृत्ति का मान कहते है।

केंद्रीय प्रवृत्ति का मान 3 प्रकार का होता है :

1. मध्य या मध्यमान
2. मध्यांक
3. बहुलांक

मध्यमान : प्राप्तांकों के योग में उनकी संख्या से भाग देने पर जो भागफल आता है, उसे मध्यमान कहते हैं। इसे औसत भी कहते हैं।

उदा. 5, 7, 10, 14 का मध्यमान बताइये।

हल : मध्यमान = 5+7+10+14 / 4

= 36 / 4 = 9

मध्यांक या माध्यिका : माध्यिका वितरण का मध्य बिंदु होता है। इसके ऊपर व नीचे बराबर – बराबर प्राप्तांक रहते हैं।

उदा. 18, 12, 23, 26, 7, 12, 9, 14, 42 का मध्यांक ज्ञात करो।

हल : पहले प्राप्तांकों को छोटे से बड़े के क्रम में रखते है– 7, 9, 12, 12, 14, 18, 23, 26, 42

अतः इसका मध्यांक 14 होगा।

बहुलक : बहुलक वह अंकमान है, जिसकी पुनरावृत्ति वितरण में सबसे अधिक हो अर्थात् जो अंक सबसे अधिक बार आया हो।

उदा. 6, 12, 7, 6, 9, 6, 4, 7, 6, 8, 6 बहुलक ज्ञात करो।

हल : इसका बहुलांक 6 होगा क्योंकि सभी संख्याओं में 6 सबसे अधिक बार आया है।

शिक्षण विधियाँ

वे सभी निर्देशित क्रियायें जिनके फलस्वरूप बालक सीखता है, शिक्षण विधियॉ कहते है।

शिक्षण विधियॉ चार प्रकार की होती है –

1. विश्लेषण विधि (Analysis Method)
2. संश्लेषण विधि (Synthetic Method)
3. आगमन विधि (Inductive Method)
4. निगमन विधि (Deductive Method)

विश्लेषण विधि (Analysis Method) : अज्ञात से ज्ञात की ओर।

ज्ञान स्थिर रहता है, प्रखर बालकों के लिये।

समय अधिक लगता है, कमजोर बालकों के लिये नहीं।

संश्लेषण विधि (Synthetic Method) : ज्ञात से अज्ञात की ओर।

कमजोर बालकों को समझने में आसानी, अल्पकालीन स्मरण रहता है।

आगमन विधि (Inductive Method) : अनुप्रेरण के सिद्धांत पर आधारित।

किसी सिद्धांत को समझने के लिये उदाहरण का प्रयोग किया जाता है।

विशेष से सामान्य की ओर।

स्वंय अभ्यास का अवसर मिलता है, समय अधिक लगता है।

निगमन विधि (Deductive Method) : दिये गये सूत्रों के आधार पर प्रश्नों को हल करना। नियम से उदाहरण की ओर।

सामान्य से विशिष्ट की ओर।

महत्वपूर्ण अतिलघु प्रश्न :

1. गणित सभी विज्ञानों का द्वार व कुंजी है।

रोजर बेकन।

2. छात्र गणितीय गणना में गति कैसे प्राप्त करा सकते है?

अभ्यास से।

3. गणित की किस विधि में हम सूत्र व नियमों की सहायता लेते हैं?

निगमन विधि।

4. गणित के अध्ययन से बच्चों में किस गुण का विकास होता है?

आत्मविश्वास, तार्किक सोच, विश्लेषिक सोच।

5. बच्चों में निदानात्मक परिक्षण का उद्देश्य बताइये।
बच्चों की समझ में निहित रिक्तियों को जानना।
6. गणित शिक्षण की आगमन विधि का सिद्धांत क्या होता है?
विशिष्ट से सामान्य की ओर।
7. गणित शिक्षण की कौन सी विधि तार्किक होती है?
संश्लेषण विधि।
8. उच्च कक्षाओं में कौन सी विधि ज्यादा लाभदायक होती है?
निगमन विधि।

9. किस विधि द्वारा प्राप्त गणित शिक्षण छात्रों में आत्म विश्वास की भावना उत्पन्न करता है?
आगमन विधि।
10. गणितीय शिक्षण के खेल विधि के जन्मदाता कौन थे?
हेनरी कुक।
11. अबेकस का प्रयोग क्यों किया जाता है?
छोटी कक्षा के बच्चोंको गिनती सिखाने में।
12. वृत्त की परिधि ज्ञात करने में किस विधिका प्रयोग करेंगे?
निगमन विधि।

विज्ञान

1. प्रतिरोध का मात्रक क्या है?

ओम।

2. मूलरोम कहाँ पाये जाते हैं?

पौधों की जड़ में।

3. पोलियो किसके द्वारा फैलता है?

वायरस से।

4. कार्य करने की दर को क्या कहते है?

शक्ति या सामर्थ्य।

5. जड़त्व का सर्वप्रथम नियम किसने दिया था?

गैलीलियो ने।

6. भूरा कोयला किसे कहा जाता है?

लिग्नाइट को।

7. मानव हृदय में कुल कितने कक्ष होते है?

चार।

8. कुनैन किससे प्राप्त होता है?

सिनकोना के पौधे से।

9. लोलक को एक कंपन पूरा करने में लगने वाले समय को क्या कहा जाता है?

आवर्तकाल।

10. विद्युत धारा का मात्रक क्या होता है?

एम्पियर।

11. किंही दो संक्रामक बिमारियों के नाम लिखो।

हैजा, चेचक, खसरा, मलेरिया।

12. रक्त के कितने समूह होते हैं?

चार।

13. एड्स वायरस की खोज किसने की थी?
डॉ. माइकल गोलफेव ने।
14. एककोशीय और बहुकोशीय जीवों के बीच की कड़ी क्या होती है?
पेरिपेटस।
15. टेरीलीन किस प्रकार का रेशा है?
कृत्रिम रेशा।
16. विद्युत परिपथ में विद्युत धारा की माप किसके द्वारा की जाती है?
अमीटर।
17. न्यूट्रॉन की खोज किसने की?
चैडविक ने।
18. हीरा क्या है?
कार्बन का अपररूप।
19. फलशर्करा किसे कहते हैं?
फ्रक्टोज को।
20. सर्वग्राही रक्त-समूह कौन सा होता है?
AB ।
21. यूग्लीना किस संघ का प्राणी है?
प्रोटोजोआ संघ का।
22. विभवांतर किससे मापा जाता है?
वोल्टमीटर से।
23. परमाणु सिद्धांत किसने दिया था?
डाल्टन ने।
24. रासायनिक ऊर्जा को विद्युत ऊर्जा में बदलना किसका कार्य है?
प्राथमिक सेल का।
25. मानव शरीर में कितनी मांस पेशियाँ होती हैं?
लगभग 656।
26. सभी जीव किस विशेष प्रकार के द्रव्य से बने होते हैं?
प्रोटोप्लाज्म या जीवद्रव्य।

27. मलेरिया किस परजीवी के माध्यम से फैलता है?

प्लाज्मोडियम।

28. सबसे बड़ा एककोशिकीय जीव कौन है?

एसीटेबुलेरिया।

29. सर्वदाता रक्त-समूह का नाम बताओ।

O ।

30. पेचिस रोग किस सूक्ष्मजीव से फैलता है?

एन्टअमीबा हिस्टोलिटिका।

31. कंडुआ रोग किसमें लगता है?

गेहूँ में।

32. 'प्रतिजन' किस रुधिर कणिका की भित्ती में चिपके होते हैं?

लाल रुधिर कणिका।

33. एकांक क्षेत्रफल में लगने वाले अभिलम्बवत बल को क्या कहते हैं?

दाब।

34. चीनी उद्योग में गन्ने के रस को रंगहीन करने के लिये किसका प्रयोग करते हैं?

जंतु चारकोल।

35. हरित लवक सहित पौधों के समूह को क्या कहते हैं?

कवक।

36. अनुप्रस्थ तरंगों में दो श्रृंगों के बीच की दूरी को क्या कहते हैं?

तरंग दैर्घ्य।

37. जब वस्तु अवतल दर्पण के फोकस व वर्कता केंद्र के बीच रखी हो, तो प्रतिबिम्ब कैसा बनेगा?

सीधा, वास्तविक व वस्तु से बड़ा।

38. बैरोमीटर किस लिये प्रयोग किया जाता है?

वायुमण्डलीय दाब मापने के लिये।

39. कार्बन के एक अपररूप का नाम लिखो।

हीरा।

40. ध्वनि की चाल सबसे अधिक किसमें होती है?

ठोस में।

41. किसी एक ऐसे ठोस का नाम बताओ जिसे गर्म करने पर उसका आयतन बढ़ता हो?

एल्युमिनियम।

42. सूर्य का ताप किस यंत्र से मापा जा सकता है?

उत्तापमापी से।

43. सूर्य से पृथ्वी तक गर्मी किस प्रकार आती है?

विकिरण द्वारा।

44. तबले में ध्वनि कैसे उत्पन्न होती है?

आघात द्वारा।

45. द्रवों में ऊष्मा का संघटन कैसे होता है?

चालन द्वारा।

46. थर्मामीटर बनाने में पारा उपयोग में लेते हैं, क्यों?

इसका क्वथनांक अधिक होता है।

47. दो वस्तुओं में पहली का द्रव्यमान दूसरी वस्तु से अधिक है, दोनों को समान मात्रा में ऊष्मा दी जाती है, किस वस्तु का ताप अधिक होगा?

पहली वस्तु का।

48. 1 कैलोरी में कितने जूल होते हैं?

4.18 जूल।

49. किसी वस्तु का ताप किससे निर्धारित होता है, अणुओं की स्थितिज ऊर्जा से या गतिज ऊर्जा से?

गतिज ऊर्जा से।

50. एल. पी. जी. में सबसे अधिक मात्रा किस गैस की होती है?

ब्यूटेन की।

51. रक्त में किसकी अधिकता के कारण मधुमेह रोग हो जाता है?

ग्लूकोज।

52. हाइड्रोकार्बन किससे बने होते हैं?

हाइड्रोजन और कार्बन से।

53. किन्ही दो संतृप्त हाइड्रोकार्बन के नाम बताओ।

मेथेन, एथेन।

54. प्रकृति में कार्बन किस अवस्था में पाया जाता है?

मुक्त अवस्था में व यौगिकों के रूप में।

55. खाना बनाते समय यदि बर्तन की तली बाहर से काली हो रही हो तो इसका मतलब क्या है?

ईंधन आर्द्र है।

56. खान व खनिज अधिनियम कब पारित हुआ?

1948 में।

57. किस प्रकाश स्रोत से उपछाया नहीं बनती है?

बिंदु प्रकाश स्रोत से।

58. वे पदार्थ जिन पर पड़ने वाला प्रकाश आंशिक रूप से निर्गत होता है, क्या कहलाते हैं?

अल्प पारदर्शक पदार्थ।

59. भोजन संरक्षण करने की किंही दो विधियों के नाम बताओ।

शीतलन विधि, निर्जलीकरण विधि।

60. अवतल दर्पण का उपयोग कहाँ होता है?

गाड़ी की हेड लाइट में, सर्च लाइट में, दाढ़ी बनाने में।

61. उत्तल दर्पण का उपयोग कहाँ होता है?

स्ट्रीट लाइट में, श्रृंगार दर्पण में।

62. इंद्रधनुष में कुल कितने रंग होते हैं?

सात।

63. इंद्रधनुष के किनारों पर कौन से रंग होते हैं?

बैंगनी, लाल रंग।

64. जल से भरे पात्र में पड़ा सिक्का उठा हुआ नजर आता है, क्यों?

अपवर्तन के कारण।

65. आकाश का रंग नीला क्यों दिखाई देता है?

प्रकीर्णन के कारण।

66. जो वस्तुयें स्वयं के प्रकाश से प्रकाशित होती हैं, उन्हे क्या कहते हैं?

प्रदीप्त वस्तुयें।

67. वायुमण्डल में सबसे प्रचुर अक्रिय गैस कौन सी है?
आर्गन।
68. कार्बन के क्रिस्टलीय अपररूप ने नाम बताओ।
ग्रेफाइट, हीरा।
69. कार्बन के अक्रिस्टलीय अपररूप ने नाम बताओ।
लकड़ी का कोयला, जंतु चारकोल।
70. रेडियो सक्रियता की खोज किसने की?
हेनरी बेकरेल।
71. कच्चे फलों को कृत्रिम रूप से पकाने के लिये किसका प्रयोग किया जाता है?
एथिलीन गैस का।
72. भूमिगत जड़ों के नाम बताओ।
मूली, गाजर, चुकंदर, शलजम, शकरकंद।
73. जनसंख्या के अध्ययन को क्या कहते हैं?
डेमोग्राफी।
74. काँच के किस रंग में प्रकाशकी गति सबसे कम होती है?
बैंगनी रंग।
75. दूर दृष्टि दोष के लिये बने चश्में में किस लेंस का प्रयोग किया जाता है?
उत्तल लेंस।
76. निकट दृष्टि दोष के लिये बने चश्में में किस लेंस का प्रयोग किया जाता है?
अवतल लेंस।
77. लेंस की क्षमता का मात्रक क्या होता है?
डायोप्टर।
78. उत्तल लेंस की क्षमता कैसी होती है?
धनात्मक।
79. अवतल लेंस की क्षमता कैसी होती है?
ऋणात्मक।
80. मनुष्य की आँख में किसी वस्तु का प्रतिबिम्ब जिस भाग पर बनता है, उसे क्या कहते हैं?
रेटिना या दृष्टि पटल।

81. प्रकाश में कौन सी तरंगें होती हैं?
अनुप्रस्थ तरंगे।
82. फूलगोभी के पौधे में खाने योग्य भाग को क्या कहते हैं?
पुष्पक्रम।
83. मानव शरीर की सबसे छोटी कोशिका का नाम बताओ।
माइक्रोप्लाज्मा।
84. प्रिज्म से गुजरने पर सबसे अधिक विचलन किस रंग का होता है?
बैंगनी रंग का।
85. प्रकाश का रंग किस पर निर्भर करता है?
तरंग दैर्घ्य पर।
86. पीने के पानी को शुद्ध करने के लिये कौन सी गैस का प्रयोग किया जाता है?
क्लोरीन।
87. अल्फा, बीटा, गामा किरणों में सबसे अधिक वेग किसका होता है?
गामा किरणों का।
88. वायुमण्डक का प्रमुख स्तर, जो पृथ्वी तल के सबसे निकट है, उसे क्या कहते हैं?
क्षोभमण्डल।
89. ओजोन की परत वयुमण्डल की किस परत में होती है?
स्ट्रेटोस्फीयर (समताप मण्डल)।
90. सोल्डर एक मिश्र धातु है, इसके कौन कौन से घटक हैं?
टिन व लेड।
91. लोहे में जंग लगने के लिये क्या आवश्यक है?
ऑक्सीजन व नमी।
92. भारत का प्रथम नाभिकीय रिसर्च रियेक्टर कहाँ स्थित है?
अप्सरा।
93. तापीय रियेक्टर में भारी जल का प्रयोग क्यों किया जाता है?
मंदक के रूप में।
94. समस्थानिक किसे कहते हैं?
परमाणु क्रमांक समान परंतु परमाणु भार भिन्न – भिन्न हो।

95. प्रथम विश्व युद्ध के दौरान रासायनिक हथियार के रूप में किस गैस का प्रयोग किया जाता है?

मस्टर्ड गैस।

96. पेड़ पौधे रात को कौन सी गैस निकालते हैं?

कार्बन-डाई-ऑक्साइड।

97. बॉक्साइड किस धातु का अयस्क है?

एल्युमिनियम।

98. कैलेमाइन किस धातु का अयस्क है?

जिंक।

99. आग बुझाने के यन्त्र में प्रयोग किया जाने वाला रासायनिक यौगिक का नाम बताओ।

सोडियम बाई कार्बोनेट।

100. भोपाल गैस त्रासदी में किस गैस का रिसाव होता है?

मिथाइल आइसो सायनेट।

101. शुद्ध जल कैसा होता है?

उदासीन (pH = 7)।

102. किण्वन की क्रिया में कौन सी गैस निकलती है?

कार्बन-डाई-ऑक्साइड।

103. C.N.G. का पूरा नाम बताओ।

Compressed Natural Gas ।

104. L.P.G. का पूरा नाम बताओ।

Liquid Petroleum Gas ।

105. L.P.G. के प्रमुख घटक हैं?

ब्यूटेन व प्रोपेन।

106. हैजा रोग किससे फैलता है?

जीवाणु से।

107. उत्सर्जी अंगों के नाम बताइये।

वृक्क (किडनी), त्वचा, यकृत, फेफड़ा, नाक, बड़ी आँत।

108. आसुत जल विद्युत का ______ होता है?

अचालक।

109. जट्रोफा की फसल किस लिये प्रयुक्त होती है?

बायो डीजल (जैविक ईंधन)।

110. जैव विविधता के कम होने का क्या कारण है?

प्राकृति आवास का विनाश।

111. देश का प्रथम वन्य जीव कॉरीडोर कहाँ स्थापित किया जायेगा?

मध्यप्रदेश में।

112. बागवानी के लिये कौन सी उर्वरक उपयोगी होती है?

वर्मी कम्पोस्ट।

113. मलेरिया रोग किसके द्वारा होता है?

प्लाजमोडियम फाल्सीपेरम प्रोटोजोआ।

114. पौधों में पाया जाने वाला जटिल ऊतक का नाम बताओ।

जाइलम।

115. मानव शरीर में कुल कितने कक्ष होते हैं?

चार कक्ष।

116. मनुष्य के शुक्राणु का उत्पादन कहाँ से होता है?

वृषण में।

117. पेयजल को जीवाणु रहित रखने के लिये कौन सा रासायनिक पदार्थ प्रयोग किया जाता है?

ब्लीचिंग पाउडर।किस विटामिन की कमी से रक्त का थक्का नहीं जमता है?

विटामिन – K।

118. लोहे की छड़ को एक सिरे से गर्म करने पर इसका दूसरा सिरा भी गर्म हो जाता है, क्यों?

लोहा ऊष्मा का अच्छा सुचालक होता है।

119. मानव हृदय किस प्रकार की पेशियों से बना होता है?

अनैच्छिक पेशियों से।

120. वस्तुयें जो मानवीय आँख से अदृश्य होती हैं, सामान्यतः कैसे देखी जा सकती हैं?

अल्ट्रावायलेट द्वारा।

121. खगोलीय दूरदर्शी किसलिये प्रयोग किया जाता है?

दूर के पिण्डों जैसे गृह, चंद्रमा व अन्य तारों को स्पष्ट देखने के लिये।

128. कोशिका क्या है?

मानव शरीर जिन असंख्य छोटी – छोटी इकाइयों से मिलकर बनता है, उन्हें कोशिका कहते है।

129. केंद्रक क्या होता है?

केंद्रक कोशिका का सबसे महत्वपूर्ण अंग है। यह कोशिका के मध्य में स्थित होता है। इसके अंदर गाढ़ा व चिपचिपा तरल पदार्थ होता है।

130. कोशिका के कितने भाग होते है?

तीन अंग होते है : कोशिका भित्ति, कोशिका द्रव्य, केंद्रक।

131. मानव शरीर को कितने भागों में बॉटा गया है?

मानव शरीर के भाग निम्न है : सिर, मस्तिष्क, ग्रीवा, धड़, हृदय, ऊर्ध्व शाखायें, अधोशाखा, श्वसन अंग।

132. व्यस्क व्यक्ति में कुल कितनी हड्डियॉ होती है?

206।

133. मानव कंकाल को कितने भागों में बॉटा गया है?

दो भाग : अक्षीय कंकाल, अनुबंधी कंकाल।

134. मानव शरीर में सबसे बड़ी पाचन ग्रन्थि कौन सी है?

यकृत।

135. मानव शरीर में हड्डियों की संख्या को बॉंटकर बताइये?

- पसलियों मे 12 जोड़ी।
- खोपड़ी में 29।
- कपाल में 8।
- चेहरे में 14।
- रीढ में 26।

136. बच्चे के जन्म के समय कुल कितनी हड्डियाँ होती है?

270।

137. सबसे बडीव सबसे छोटी ह्ड्डी कौन सी होती है?

सबसे बड़ी : फीमर (जाँघ की)।

सबसे छोटी : स्टेपीज (कान की)।

138. मानव दॉत कितने प्रकार के होते है?

चार प्रकार के : कृंतक, रदनक, प्रचवर्ण, चवर्ण।

139. पित्त रस का निर्माण कौन करता है?

यकृत।

140. पेशियाँ कितने प्रकार की होती है?

दो प्रकार की : ऐच्छिक , अनैच्छिक।

141. श्वसन अंग किसे कहते है?

ह्रदय को।

142. पृथ्वी का उत्पत्ति काल कब से माना जाता है?

आज से लगभग 500 करोड़ वर्ष पूर्व।

143. महासागरों में जीवों की प्रथम कड़ी किस जीव को माना जाता है?

अमीबा।

144. पृथ्वी पर मनुष्य के पूर्वजों को क्या कहा जाता था?

होमोस्पिसियन (निपुच्छ कपि मानव)।

145. सौरमण्डल क्या है?

सूर्य के परिवार को सौर मण्डल कहते है। जिसमें 8 ग्रह है। सौर मण्डल का सबसे बड़ा ग्रह बृहस्पति व सबसे छोटा ग्रह बुध है।

146. उपग्रह क्या है?

वह छोटा खगोल पिण्ड जो अपने ग्रह का परिभ्रमण करता है. उपग्रह कहते हैं। पृथ्वी का उपग्रह चंद्रमा है। इसी प्रकार मंगल के 2, बृह्स्पति के 64, शनि के 61, अरुण के 27 व वरुण के 13 उपग्रह है। बुध व शुक्र का कोई उपग्रह नहीं है।

147. सूर्य का व्यास व भार क्या है?

सूर्य का व्यास = 13,93,000 किमी.,

भार = 2.19 X 10^27 टन

148. सूर्य की पृथ्वी से दूरी कितनी है?

14.96 करोड़ किमी.

149. आकाशगंगा क्या है?

आकाशगंगा असंख्य तारों का विशाल पुंज है, जिसमें अधिकांश तारे आँखों से दिखाई नहीं पड़ते हैं। इसे गैलेक्सी भी कहते है।

150. सूर्य ग्रहण कैसे होता है?

अमावस्या के दिन सूर्य व पृथ्वी के बीच में चंद्रमा आ जाता है और चंद्रमा की छाया पृथ्वी पर पड़ने लगती है, इस स्थिति को सूर्य ग्रहण कहते है।

151. चंद्र ग्रहण कैसे होता है?

पूर्णिमा के दिन जब सूर्य व चंद्रमा के बीच में पृथ्वी आ जाती है इस स्थिति को चंद्रग्रहण कहते हैं।

152. भारतीय अंतरिक्ष संगठन क्या है?

इसरो (ISRO) : भारतीय अंतरिक्ष अनुसंधान संगठन (INDIAN SPACE RESEARCH ORGANIZATION)

स्थापना : 15 AUG 1969 को श्री विक्रम साराभाई के द्वारा बैंगलोर में।

153. नासा को समझाइये।

नासा : नेशनल एरोनॉटिक्स एण्ड स्पेश एड्मिनिस्ट्रेशन (राष्ट्रीय वैमानिक व अंतरिक्ष प्रबंधन)

स्थापना : 15 जुलाई, 1958

मुख्यालय : वाशिंगटन डी.सी

154. अम्ल किसे कहते है?

अम्ल वे पदार्थ हैं जो जलीय विलयन में हाइड्रोजन आयन (H^+) देते है। इनका pH मान 7 से कम होता है।

जैसे : HCl, H_2SO_4 ।

155. अम्लों के गुण बताइये।

अम्ल के गुण निम्न है :

- ये स्वाद में खट्टे होते है।
- ये पानी में घुलकर हाइड्रोनियम आयन देते है।

- अम्ल धातुओं से क्रिया करके हास्ड्रोजन गैस निकालते है।
- ये नीले लिटमस पेपर को लाल कर देते है।

156. अम्ल क्षारों से क्रिया करके क्या बनाते है?

लवण व जल।

157. अम्ल की क्षारकता क्या होती है?

किसी अम्ल की क्षारकता अम्ल के अणु में उपस्थित हाइड्रोजन परमाणुओं की संख्या प्रकट करती है।

158. अम्ल कितने प्रकार के होते है?

अम्लों को 3 वर्गों में बॉटा गया है :

- ऑक्सी अम्ल
- हाइड्रो अम्ल
- थायो अम्ल।

159. क्षार किसे कहते है?

वे यौगिक जो जलीय विलयन में हाइड्रॉक्सिल आयन(OH-) देते है व इसके अतिरिक्त कोई अन्य ऋणायन नहीं देते है। इनका pH मान 7 से अधिक व 14 से कम होता है।

जैसे : NaOH ।

160. क्षार के गुण बताइये।

निम्न गुण है :

- क्षार लाल लिटमस पेपर को नीला कर देते है।
- क्षार पानी में घुलने पर हाइड्रॉक्सिल आयन देते है।
- क्षारों का स्वाद तीखा होता है।
- ये तेल व वसा की क्रिया से साबुन बनाते है।

161. क्षार की अम्लता क्या होती है?

किसी क्षार की अम्लता उसके एक अणु में उपस्थित अम्ल द्वारा प्रतिस्थापनशील हाइड्रॉक्सिल आयनों की संख्या होती है।

162. लवण क्या होते है?

वे यौगिक जिसके रासायनिक संगठन में क्षारकीय व अम्लीय दोनोंप्रकार के मूलक होते हैं, उसे लवण कहते है।

जैसे : NaCl, KNO3 ।

163. लवण कितने प्रकार के होते है?

लवण के प्रकार निम्नवत है :

- सामान्य लवण
- अम्लीय लवण
- क्षारकीय लवण
- द्वि-लवण
- मिश्रित लवण
- संकर लवण।

164. कौन सा लवण लिटमस पेपर के प्रति उदासीन होता है?

सामान्य लवण।

165. निम्न की अम्लता बताइये।

NaOH की अम्लता = 1

Ca(OH)2 की अम्लता = 2

166. निम्न की क्षारकता बताइये।

HCl की क्षारकता = 1

H2SO4 की क्षारकता = 2

167. कार्य किसे कहते है?

कार्य वह भौतिक क्रिया है जिसमें किसीवस्तु पर बल लगाकर उसे बल की दिशा में विस्थापित किया जाता है।

167. कार्य होने के लिये क्या आवश्यक है?

भौतिकी की भाषा में कार्य तब ही होता है, जबकि :

- वस्तु पर बल लगे,
- वस्तु बल की दिशा में विस्थापित हो।

168. कार्य की माप कैसे करते है?

वस्तु पर लगने वाले कार्य की माप वस्तु पर लगे बलव बल की दिशा में चली गयी दूरी के गुणनफल के बराबर होती है।

कार्य = बल * दुरी।

169. कार्य का मात्रक बताइये।

न्यूटन-मीटर।

170. ऊर्जा किसे कहते है?

वह भौतिक राशि जो किसी वस्तु में कार्य करने की क्षमता उत्पन्न करती है या कार्य करने की क्षमता को ऊर्जा कहते है।

171. ऊर्जा का मात्रक बताइये।

जूल।

172. ऊर्जा के कितने प्रकार है?

विभिन्न प्रकार की ऊर्जा निम्न है :

- यांत्रिक ऊर्जा : गतिज, स्थितिज।
- रासायनिक ऊर्जा,
- ताप ऊर्जा,
- प्रकाश ऊर्जा,
- ध्वनि ऊर्जा,
- विद्युत ऊर्जा,
- आवेशीय ऊर्जा,
- परमाणु ऊर्जा,
- सौर ऊर्जा।

173. द्रव्यमान को हम किस अक्षर से दर्शाते है?

M ।

174. बल किसे कहते हैं?

किसी वस्तु में स्थिति परिवर्तन में शक्ति को बल कहते हैं।

175. बल का मात्रक बताइये।

न्यूटन।

176. सबसे बड़ी आँखें किस स्तनधारी प्राणी की होती है?

हिरण।

177. प्रेशर कुकर में खाना जल्दी क्यों बनता है?

क्योंकि प्रेशर कुकर के अंदर दाब अधिक होता है।

178. रेडियोएक्टिवता की खोज किसने की थी?

हेनरी बेकरल ने।

179. उपधातु किसे कहते हैं?

ऐसे तत्व जिनमें धातु व अधातु दोनों के गुण पाये जाते हैं।

180. किस रंग की तरंग दैर्घ्य सबसे अधिक होती है?

बैगनी।

181. मनुष्य के शरीर का तापमान कितना होता है?

37 c।

182. लेंस की क्षमता का मात्रक बताइये।

डायोप्टर।

183. कार्य का मात्रक बताइये।

जूल।

184. प्रकाश वर्ष किसका मात्रक है?

दूरी का।

185. आवृत्ति किसे कहते हैं?

कोई कण 1 सेकेण्ड में जितने कम्पन्न करता है, उस संख्या को आवृत्ति कहते है।

186. पौधे का कौन सा भाग श्वसन क्रिया करता है?

पत्ती।

187. साधारण मानव में गुणसूत्रों की संख्या बताइये।

46 (23 जोड़े)।

188. गाय व भैस के थनों में दूध उतारने के लिये किस हार्मोन की सूई लगाई जाती है?

ऑक्सीटोसिन।

189. स्तनधारियों में लाल रुधिर कणिकाओं का निर्माण कहॉ होता है?

अस्थिमज्जा।

190. परमाणु के कितने भाग होते हैं?

न्यूट्रान, इलेक्ट्रान, प्रोट्रान।

191. परमाणु के नाभिक में होते हैं?

न्यूट्रान, प्रोट्रान।

192. एम्पियर किसका मात्रक है?

विद्युत धारा का।

193. पराश्रव्य तरंगों की आवृत्ति कितनी होती है?

20,000 हर्ट्ज से अधिक।

194. पराश्रव्य तरंगे मनुष्य द्वारा सुनी जा सकती हैं या नहीं?

नहीं सुनी जा सकती।

195. ध्वनि तरंगे कहाॅ नहीं चल सकती?

निर्वात में।

196. कौन सी अक्रिय गैस वातावरण में नहीं पायी जाती है?

आर्गन।

197. विटामिन सी का सबसे उत्तम स्रोत बताइये।

आँवला।

198. मानव शरीर में पाचन का अधिकांश भाग किस अंग में सम्पन्न होता है?

छोटी आँत।

199. ब्रह्माण्ड में कौन सा तत्व सबसे अधिक मात्रा में होता है?

हाइड्रोजन।

200. जब पदार्थ सीधे ठोस अवस्था से गैस अवस्था में परिवर्तित होता है, इस क्रिया को क्या कहते हैं?

ऊर्ध्वपातन।

201. डी.डी.टी. क्या है?

कीटनाशी।

202. ओजोन परत को क्या कहते है?

जीवन रक्षक परत।

203. ग्लोबल वार्मिंग का अर्थ बताइये।

पृथ्वी का गर्म होना।

204. ग्लोबल वार्मिंग का क्या कारण है?

उत्तरी व दक्षिणी ध्रुव की बर्फ का पिघलना।

205. ओजोन दिवस कब मनाया जाता है?

16 सितम्बर को।

206. ओजोन परत का मुख्य कार्य क्या होता है?

पराबैंगनी किरणों को रोकना।

207. ओजोन परत कहाँ स्थित है?

समताप मण्डल में।

208. वायु में उपस्थित लेड से कौन सा रोग होता है?

फेफड़ों का कैंसर।

209. रेड डाटा बुक (लाल आंकड़ों की पुस्तक) किससे सम्बंधित है?

विलुप्त प्रजातियों की सूची का संग्रह।

210. ध्वनि प्रदूषण की तीव्रता मापने का यंत्र बताइये।

डेसीबल।

211. प्रकाश संश्लेषण क्या है?

वह प्रक्रिया जिसमें हरे पेड़-पौधे सूर्य के प्रकाश में अपना भोजन बनाते हैं।

212. प्रकाश संश्लेषण क्रिया में कौन सी गैस निकलती है?

ऑक्सीजन गैस।

213. द्रव्य क्या होता है?

जो स्थान घेरता है व जिसमें भार होता है, द्रव्य कहते हैं।

214. किसी विलयन मसे वाष्पीकरण व संघनन विधि द्वारा शुद्ध द्रव प्राप्त करने की विधि को क्या कहते हैं?

आसवन।

215. भाप का द्रव में परिवर्तित करने की क्रिया को क्या कहते हैं?

संघनन।

216. दाँत की कठोरता किसके कारण होती है?

इनैमल।

217. भोज्य पदार्थों का संवहन कौन करता है?

फ्लोएम।

218. जल व खनिज लवणों का संवहन कौन करता है?

जाइलम।

219. रक्तदाब किससे मापा जाता है?

स्फिग्मोमैनोमीटर।

220. महत्वपूर्ण विटामिन व उससे होने वाले रोग :

विटामिन का नाम	रासायनिक नाम	रोग का नाम
विटामिन A	रेटिनाल	रतौंधी
विटामिन B	थायमीन	बेरी-बेरी
विटामिन C	ऐस्कॉर्बिक म्ल	स्कर्बी रोग
विटामिन D	कैल्सीफेरॉल	सूखा रोग
विटामिन E	टोकोफेरॉल	जनन क्षमता में कमी
विटामिन K	नैफ्थोक्विनोन	रूधिर का थक्का न बनना

221. आधुनिक कृषि उपकरणों, उन्नतशील बीज, उर्वरकों और पर्याप्त सिंचाई के साधनों द्वारा कृषि उपज में आशातीत वृद्धि को क्या कहते हैं?

हरित क्रांति।

222. जब वस्तु का भार वस्तु द्वारा हटाये गये द्रवके भार के बराबर होता है, तो वस्तु द्रव की सतह पर तैरती है, ये कौन सा सिद्धांत है?

प्लवन का सिद्धान्त।

223. क्या द्रव किसी बर्तन की सभी दिशाओं में भार डालता है?

हाँ सभी दिशाओं में भार डालता है।

224. एटॉमिक पावर स्टेशन भारत में कहाँ – कहाँ स्थापित हैं?

नरौरा, कल्पकम, ट्राम्बे।

225. पादप हार्मोन किसे कहते हैं?

पौधों में सभी कार्यों का समंवय कुछ रासायनिक पदार्थों द्वारा होता है, इन पदार्थों को पादप हार्मोन कहते हैं।

226. पौधों वा जंतुओं के मध्य की कड़ी क्या है?

युग्लीना।

227. जो अंग उत्पत्ति में असमान होते हैं परंतु कार्य दृष्टि से समान होते हैं, उन्हे क्या कहते हैं?

समरूप अंग।

228. जो अंग उत्पत्ति में समान होते हैं परंतु कार्य दृष्टि से अलग - अलग होते हैं, उन्हे क्या कहते हैं?

समजात अंग।

229. प्रयोगशाला में बनाये गये सर्वप्रथम कार्बनिक यौगिक का नाम बताओ।

यूरिया।

230. सामान्य स्थिति में हृदय की धड़कन की गति कितनी होती है?

प्रत्येक मिनट 60 से 80 बार धड़कता है।

231. श्रव्य तरंग की आवृत्ति कितनी होती है?

20 हर्टज से 20,000 हर्टज।

232. अपश्रव्य तरंग की आवृत्ति कितनी होती है?

20 हर्टज से नीचे।

233. पराश्रव्य तरंग की आवृत्ति कितनी होती है?

20,000 हर्टज से अधिक।

234. बिना ताप बदले पदार्थ की अवस्था परिवर्तन (जैसे – ठोस से द्रव, द्रव से गैस) में आवश्यक ऊष्मा को क्या कहते हैं?

पदार्थ की गुप्त ऊष्मा।

235. ध्वनि, तरंग के किस प्रकार का उदाहरण है?

अनुदैर्घ्य तरंग।

236. विशिष्ट ऊष्मा किसे कहते हैं?

ऊष्मा की वह मात्रा जो उस पदार्थ के एकांक द्रव्यमान का ताप 1(डिग्री)C बढाने के लिये आवश्यक हो उसे विशिष्ट ऊष्मा कहते हैं।

237. ग्रीन हाउस प्रभाव क्या है?

ग्रीन हाउस प्रभाव वह घटना है जिसके कारण पृथ्वी ऊष्मा को ग्रहण करती या रोकती है।

238. जब ध्वनि तरंगें दूर स्थित किसी दृढ टावर या पहाड़ से टकरा कर परिवर्तित होती है, इस प्रकार की ध्वनि को क्या कहते हैं?

प्रतिध्वनि।

239. दो जलीय पौधों के नाम लिखो।

कुमुदनी, हाइड्रिला।

240. S.I. पद्धति में तापका मात्रक क्या होता है?
केल्विन।

241. स्वस्थ मनुष्य के शरीर का ताप कितना होता है?
37 C या 98.6 F।

242. ऊष्मा का संचरण किसे कहते हैं?
ऊष्मा के स्थानान्तरण की क्रिया को ऊष्मा का संचरण कहते हैं।

243. वह निश्चित ताप जिस पर कोई ठोस गर्म करने पर द्रव में बदलता है, क्या कहलाता है?
पदार्थ का गलनांक।

244. वह निश्चित ताप जिस पर कोई द्रव उबलता है और गैसीय अवस्था में बदलता है, क्या कहलाता है?
द्रव का क्वथनांक।

245. निर्वात में ध्वनि की चाल क्या होती है?
शून्य (0)।

246. मिश्रण किसे कहते हैं?
कुछ पदार्थ ऐसे होते हैं जिनमें दो या दो से अधिक तत्व या यौगिक किसी भी अनुपात में मिले होते हैं, मिश्रण कहते हैं।

247. मिश्रण कितने प्रकार का होता है?
दो प्रकार का :

- समांगी मिश्रण।
- विषमांगी मिश्रण।

248. समांगी मिश्रण किसे कहते हैं?
ऐसा मिश्रण जिसमें मिले विभिन्न अवयवों को अलग करके नहीं देखा जा सकता है।
जैसे : चीनी व पानी का मिश्रण।

249. विषमांगी मिश्रण किसे कहते हैं?
ऐसा मिश्रण जिसमें मिले विभिन्न अवयवों को अलग किया जा सकता है।
जैसे : रेत व चीनी का मिश्रण।

250. पत्तियों का रंग हरा क्यों होता है?
क्लोरोफिल (पर्णहरिम) के कारण।

251. क्लोरोफिल के दो कार्य बताइये।

- इसके कारणपत्तियों का रंग हरा होता है।
- सूर्य के प्रकाश को अवशोषित करता है।

252. प्रकाश संश्लेषण के प्रमुख उत्पाद हैं?

- ग्लूकोज(स्टार्च),
- ऑक्सीजन।

253. पौधों के कुल कितने भाग होते है?

पाँच भाग : जड़, तना, पत्ती, फूल, फल।

254. पुष्प क्या है?

पत्तियों के रूपांतरण को पुष्प कहते हैं। पुष्प या फूल पौधे का सबसे आकर्षित करने वाला भाग है।

255. पुष्प के प्रमुख भाग कौन कौन से है?

वाह्यदल, दलपुजं, पुंकेसर, स्त्रीकेसर।

256. प्रकीर्णन किसे कहते है?

परागकणों / बीजों का वातावरण में फैलना ही प्रकीर्णन है।

257. एक ऐसे तत्व का नाम बताओ जो गर्म करने पर ऊर्ध्वपातित हो जाता है?

आयोडीन।

258. जिस में धातु व अधातु दोनों के गुण पाये जाते हैं, उन्हे क्या कहते हैं?

उपधातु।

259. कपास का प्रमुख घटक क्या होता है?

सेल्युलोस।

260. जीवित मनुष्य में सबसे कम पाया जाने वाला तत्व कौन सा होता है?

मैंगनीज।

261. सर्वाधिक आयनन विभव किस तत्व का होता है?

हीलियम।

262. न्यूनतम आयनन विभव किस तत्व का होता है?

सीजियम।

263. पारे के अयस्क का नाम बताओ।

सिनेबार।

264. दूध में सर्वाधिक मात्रा में कौन सा तत्व पाया जाता है?

कैल्शियम।

265. फिटकरी में जल के कितने अणु होते हैं?

24 अणु।

266. ब्रह्माण्ड में सबसे अधिक मात्रा में पाया जाने वाला तत्व कौन सा है?

हाइड्रोजन।

267. विद्युत की सबसे अच्छी सुचालक धातु कौन सी होती है?

चाँदी।

268. विद्युत की सुचालक अधातु कौन सी होती है?

ग्रेफाइड।

269. आवर्त सारिणी में सर्वाधिक गैसीय तत्वों को किस वर्ग में रखा गया है?

शून्य वर्ग में।

270. सूर्य के प्रकाश की उपस्थिति में वातावरणीय ऑक्सीजन के साथ क्रिया करके क्लोरोफॉर्म कौन सी गैस में परिवर्तित हो जाता है?

फॉस्जीन।

271. रक्त का प्रवाह रोकने के लिये किस रसायन का प्रयोग उत्कृष्ट माना जाता है?

फेरिक क्लोराइड।

272. सबसे ज्यादा चमकदार धातु का नाम बताओ।

प्लेटिनम।

273. किस तत्व की किरणों का प्रयोग कैंसर उपचार के लिये किया जाता है?

कोबाल्ट।

274. हाइड्रोजन बम किस सिद्धांत पर कार्य करता है?

अनियंत्रित नाभिकीय संलयन अभिक्रिया के कारण।

275. अग्निशामक में किस गैस का प्रयोग किया जाता है?

कार्बन डाई ऑक्साइड।

276. RDX के खोजकर्ता का नाम बताओ।

हैंनिंग।

277. वनस्पति घी के निर्माण में किस गैस का इस्तेमाल किया जाता है?

हाइड्रोजन।

278. रसायनों का सम्राट किस अम्ल को कहा जाता है?

सल्फ्यूरिक अम्ल।

279. वायुमण्डल में किस गैस की अधिकता के कारण पौधों की पत्तियाँ काली होकर गिर जाती हैं?

सल्फर डाई ऑक्साइड।

280. किस गैस को आँसु गैस या अश्रु गैस कहा जाता है?

अमोनिया गैस।

281. नाभिकीय ऊर्जा प्राप्त करने के लिये किस तत्व का प्रयोग किया जाता है?

यूरेनियम।

282. किस तत्व की उपस्थिति के कारण प्याज व लहसुन में तीक्ष्ण गंध आती है?

पोटैशियम।

283. धब्बा-रहित लौह इस्पात बनाने के लिये लोहे के साथ किस धातु को मिलाया जाता है?

क्रोमियम।

284. वायुयान के निर्माण में किस धातु का सर्वाधिक इस्तेमाल किया जाता है?

पैलेडियम।

285. अम्ल व क्षार की क्रियास्वरूप किस पदार्थ का निर्माण होता है?

लवण।

286. दो कीटभक्षी पौधों के नाम लिखो।

- नेपेंथीस,
- युट्रीकुलेरिया,
- ड्रोसेरा।

सामान्य ज्ञान / अध्ययन

1. 'एग्ज़ाम वॉरियर्स' पुस्तक के लेखक कौन हैं?

नरेंद्र मोदी।

2. 'खेलो इण्डिया स्कूल गेम्स' में सबसे अधिक पदक जीतने वाला प्रदेश कौन सा है?

हरियाणा।

3. किस राज्य की सरकार ने शहीद जवानों के आश्रितों को नौकरी की घोषणा की है?

उ. प्र.।

4. विश्व में नारियल उत्पादन व उत्पादकता में कौन सा देश अग्रणी है?

भारत।

5. 48वां विश्व आर्थिक मंच किस शहर में सम्पन्न हुआ?

दावोस(स्विट्ज़रलैण्ड)।

6. चौथा भारतीय अंतर्राष्ट्रीय विज्ञान पर्व किस शहर में आयोजित होगा?

लखनऊ।

7. 'भारत के वीर' मुहिम का ब्रांण्ड एम्बेसडर किस अभिनेता को बनाया गया?

अक्षय कुमार।

8. आनंदीबेन पटेल किस प्रदेश की राज्यपाल नियुक्त की गयी?

मध्य प्रदेश।

9. शीतकालीन ओलम्पिक की मेजबानी कौन सा देश कर रहा है?

दक्षिणी कोरिया।

10. 23वें शीतकालीन ओलम्पिक में कितने प्रकार के खेल आयोजित किये जा रहे हैं?

15 खेल।

11. उस राज्य का नाम बताओ जहाँ काला घोड़ा कला महोत्सव का आयोजन किया गया?

मुम्बई, महाराष्ट्र।

12. भारतीय रेलवे की प्रथम हाई स्पीड लोकोमोटिव ट्रेन की अधिकतम स्पीड कितनी है?

120 किमी./घ.

13. भारत का प्रथम भारतीय साइबर क्राइम कोऑर्डिनेशन सेंटर कहाँ स्थापित किया जा रहा है?

नई दिल्ली।

14. भारत का प्रथम अस्थाई बाजार कहाँ विकसित किया गया?

कोलकाता में।

15. 'निर्माण संवाद' नामक एक दिवसीय मेगा कार्यक्रम किस मंत्रालय द्वारा आयोजित किया गया?

केंद्रीय रेल मंत्रालय।

16. वह देश जहाँ विश्व की सबसे बड़ी जलमग्न गुफा की खोज की गई?

मैक्सिको में।

17. भारत का प्रथम राज्य जहाँ सरकारी कार्यक्रमों के लिये सोशल ऑडिट कानून लागू किया गया?

मेघालय।

18. वह राज्य, जहाँ 171वें अरदाह्लई संगीत महोत्सव आयोजित किया गया?

तमिलनाडु।

19. देश का प्रथम राज्य जहाँ प्रतिदिन किसानों को 24 घण्टे मुफ्त बिजली आपूर्ति दी जायेगी?

तेलंगाना।

20. राष्ट्रीय रेल व परिवहन विश्वविद्यालय स्थापित किया जा रहा है?

बडोदरा, गुजरात।

21. भारत का प्रथम विश्वविद्यालय 'वर्ल्ड यूनीवर्सिटी ऑफ डिजाइन' कहाँ स्थापित किया जायेगा?

हरियाणा।

22. केन वेतवा लिंक प्रोजेक्ट किन राज्यों से सम्बंधित है?

उ.प्र. व म.प्र.।

23. 'FAME INDIA SCHEME' का सम्बंध किस मंत्रालय से है?
केंद्रीय उद्योग व सार्वजनिक उद्यम मंत्रालय।

24. वह राज्य जहाँ हाल ही इस्राइल के सहयोग से देश का प्रथम फूलों की खेती का उत्कृष्ट केंद्र खोला गया?
तमिलनाडु।

25. भारत का सबसे बड़ा अस्थायी व सौर ऊर्जा संयंत्र कहाँ स्थापित किया गया?
केरल।

26. 30 नव. 2017 को किस भारतीय मुद्रा नोट को प्रचलन को 100 वर्ष पूरे हुये?
1 रु.।

27. केंद्र सरकार ने देश में खाद्य प्रसंस्करण उद्योग को प्रोत्साहित करने के लिये किस योजना को शुरू करने का निर्णय लिया?
सम्पदा (SAMPADA)।

28. मई 2017 में विश्व के अनेक कम्प्यूटरों में कौन सा वायरस फैल गया था?
रैंसमबेयर (RANSOMWARE) ।

29. संगई महोत्सव किस राज्य से सम्बंधित है?
मणिपुर।

30. किस राज्य सरकार ने हाल ही में सरकारी स्कूलों हैप्पीनेस पाठ्यक्रम आरम्भ करने की घोषणा की है?
दिल्ली।

31. हाल ही में किस राज्य में मुख्यमंत्री कलाकार योजना शुरू की गई है?
उड़ीसा।

32. हाल ही में किस राज्य ने 'एक विशेष औद्योगिक विकास योजना' शुरू की गई?
जम्मू-कश्मीर।

33. हाल ही में किस राज्य सरकार ने दहेज प्रथा को हतोत्साहित करने के लिये सामूहिक विवाह योजना आरम्भ की गई?
उत्तर प्रदेश।

34. हाल ही में किस देश में इमरजेंसी लागू की गई?
मालदीव।

35. हाल ही में किस देश ने दुनिया के सबसे छोटे रॉकेट का प्रक्षेपण किया?
जापान ने।

36. अभी पिछले दिनों गुजरात के मुख्यमंत्री किसे बनाया गया?
विजय रूपाणी को।

37. यू.पी. के मुख्यमंत्री योगी आदित्यनाथ जी ने 23 फरवरी 2018 को किस शहर में दो दिन के 'रसोत्सव' का उद्घाटन किया?
मथुरा में।

38. अभी हाल ही में किस वरिष्ठ बॉलीवुड अभिनेत्री का निधन दुबई में हो गया?
श्रीदेवी का।

39. जिमनास्टिक्स वर्ल्ड कप में व्यक्तिगत पदक जीतने वाली पहली महिला भारतीय खिलाड़ी का क्या नाम है?
बी. अरुणा रेड्डी।

40. भारतीय क्रिकेट टीम ने दक्षिण अफ्रीका को टी-20 सीरीज में 2-1 से हरा दिया, इस सीरीज में प्लेयर ऑफ द सीरीज किस खिलाड़ी को चुना गया?
भुवनेश्वर कुमार को।

41. हाल ही में छत्तीसगढ के 106 वर्षीय स्वच्छता दूत का निधन हो गया, उनका नाम क्या था?
कुंवर बाई।

42. किस देश ने शीतकालीन ओलम्पिक 2018 में सर्वाधिक पदक जीते?
नार्वे ने 39 पदक।

43. ऑस्ट्रियन ओपन इंटरनेशनल चैंलेज बैडमिंटन टूर्नामेंट 2018 में किस भारतीय खिलाड़ी ने पुरुष वर्ग का खिताब जीता?
पी. कश्यप।

44. 24 फरवरी 2018 को नई दिल्ली में आयोजित मैराथन किसने जीता?
गोपी थोनाकल ने।

45. ई-गवर्नेंस पर 21वां राष्ट्रीय सम्मेलन किस शहर में आयोजित किया जा रहा है?
हैदराबाद में।

46. वरिष्ठ पत्रकार नीलाभ मिश्रा का 24 फरवरी को निधन हो गया, वे किस अखबार के मुख्य संपादक थे?

नेशनल हेराल्ड।

47. प्रधानमंत्री मोदी जी ने कहाँ से 'रन ऑर न्यू इण्डिया' मैराथन को हरी झण्डी दिखाई?

सूरत।

48. किस राज्य ने स्कूल में प्रवेश के लिये टीकाकरण अनिवार्य कर दिया है?

केरल।

49. हाल ही में शुरू हुये भारत – इण्डोनेशिया सैन्य अभ्यास का क्या नाम है?

गरुड़ शक्ति।

50. कमल हसन की राजनीतिक पार्टी का क्या नाम है?

प्यूपिल जस्टिस पार्टी।

51. हाल ही में किस राज्य में प्रधानमंत्री जी ने रो-रो फेरी का शुभारम्भ किया?

गुजरात।

52. केंद्र सरकार ने बागो गंगा ग्राम परियोजना किस राज्य में शुरू की।

उत्तराखंड।

53. भारत के किस शहर में प्रथम रक्षा विश्वविद्यालय की स्थापना की जायेगी?

गुरूग्राम।

54. यूपी निवेशक 2018 का उद्घाटन कब और किसने किया?

नरेंद्र मोदी ने 21 फरवरी को।

55. विश्व पर्यावरण 2018 की थीम क्या है?

बीट द प्लास्टिक पॉल्यूशन।

56. देश की पहली सेमी हाईस्पीड सुपर फास्ट ट्रेन का नाम बताओ।

तेजस एक्सप्रेस।

57. किस राज्य में मछली तालाब योजना शुरू की गई?

उड़ीसा।

58. मिस वर्ल्ड 2017 किसे चुना गया है?

मानुषी छिल्लर (हरियाणा)।

59. मिस यूनीवर्स 2017 का खिताब किसने जीता?

डेमी लई नेल पीटर्स (दक्षिण अफ्रीका)।

60. भारत का सबसे बड़ा बिजली उपभोक्ता राज्य का नाम बताओ।

महाराष्ट्र।

61. 2017 में अशोक चक्र से किसे सम्मानित किया गया?

हांगपन दादा।

62. 2018 में अशोक चक्र से किसे सम्मानित किया गया?

ज्योति प्रकाश निराला।

63. वह राज्य जो देश की प्रथम ग्रीन यूनीवर्सिटी की स्थापना करेगा?

प. बंगाल।

64. हाल ही में जी.एस.टी.(GST) परिषद ने वस्तुओं को एक राज्य से दूसरे राज्य में ले जाने के लिये किस बिल को लागू किया है?

ई. वे बिल (E-Way Bill) ।

65. 2018 कॉमनवेल्थ खेल कहाँ आयोजित किये जायेंगे?

ऑस्ट्रेलिया।

66. 2022 में होने वाले कॉमनवेल्थ खेल की मेजबानी कौन करेगा?

बर्मिंघम।

67. किस राज्य को चैम्पियन स्टेट के रूप में मान्यता दी गई?

नागालैंड।

68. प्रधानमंत्री द्वारा शुरू की गई योजना मिशन इंद्रधनुष किससे सम्बंधित है?

बच्चों के टीकाकरण से।

69. भारतीय मूल की किस महिला को हाल ही में ब्रिटेन की स्बसे प्रभावशाली अश्वेत महिला के रूप में चुना गया?

गिना मिलर।

70. हाल ही में किसे लोकसभा की पहली महिला महासचिव के रूप में नियुक्त किया गया है?

स्नेहलता श्रीवास्तव।

71. फिफा वर्ल्ड कप 2018 कहाँ आयोजित किया जायेगा?

रूस।

72. भारत का प्रथम कचरा महोत्सव कहाँ आयोजित किया गया है?
छत्तीसगढ।

73. ट्रांसजेंडर वेलफेयर बोर्ड गठित करने वाले प्रथम राज्य का नाम बताओ?
महाराष्ट्र।

74. ओला कैब सर्विस के साथ मिलकर रिवर टैक्सी सर्विस योजना किस राज्य ने प्रारम्भ करने की तैयारी की है?
असम ने।

75. 'डोर स्टेप डिलीवरी' सुविधा किस राज्य में प्रारम्भ की गई?
दिल्ली में।

76. अबु धाबी में मंदिर निर्माण का शिलान्यास किसने किया था?
नरेंद्र मोदी जी ने।

77. हाल ही में किस देश ने पहला स्पोर्ट्स रेडियो चैनेल लॉन्च किया है?
भारत ने।

78. किस देश ने 6 लेन का इंटेलीजेंट सुपर एक्सप्रेसवे बनाने का निर्णय लिया है?
चीन।

79. कौन सा देश महिला टी-20 कप 2018 की मेजबानी करेगा?
वेस्टइंडीज।

80. हाल ही में दुनिया का सबसे बड़ा हीरा कहाँ पाया गया?
दक्षिण अफ्रीका में।

81. किस राज्य ने कागज के स्थान पर ऑनलाइन लॉटरी लाने का प्रस्ताव तैयार किया है?
महाराष्ट्र।

82. 'भारत के वीर' मुहिम के ब्रांड अम्बेसडर कौन है?
अक्षय कुमार।

83. केंद्र सरकार ने किस तीर्थ यात्रा पर दी जाने वाली हज सब्सिडी की बंद कर दिया?
हज यात्रा।

84. ऑपरेशन डिजिटल बोर्ड किस मंत्रालय की पहल है?
मानव संसाधन विकास मंत्रालय।

85. किस देश में महिलाओं ने पहली बार स्टेडियम पहुँचकर फुटबाल मैच देखा?

सऊदी अरब।

86. किस अभिनेता को उ.प्र. में स्वच्छ भारत मिशन का ब्रांड अम्बेसडर बनाया गया?

अक्षय कुमार।

87. राष्ट्रीय खेल विश्वविद्यालय की स्थापना कहाँ की गई है?

मणिपुर में।

88. अंतर्राष्ट्रीय श्रमिक दिवस कब मनाया जाता है?

1 मई।

89. कुम्भ मेला 2019 का आयोजन कहाँ किया जाएगा?

इलाहाबाद में।

90. 86वें संविधान संशोधन द्वारा संविधान में क्या जोड़ा गया?

शिक्षा का अधिकार।

91. किस देश ने विश्व का पहला पूर्णतः विद्युत संचालित मालवाहक जहाज लांच किया?

चीन ने।

92. संयुक्त राष्ट्र संघ ने वर्ष 2019 किस वर्ष के रूप में घोषित किया है?

देशी भाषाओं के अंतर्राष्ट्रीय वर्ष।

93. उत्तर प्रदेश गोसेवा आयोग के अध्यक्ष कौन हैं?

राजीव गुप्ता।

94. नाटो का 29वाँ सदस्य बनने वाला देश कौन सा है?

मोंटेनेग्रो।

95. कुम्भ – 2019 की थीम क्या है?

सर्वसिद्धिप्रदः कुम्भं।

96. दिस. 2018 तक 90% से अधिक टीकाकरण के लक्ष्य को प्राप्त करना किस मिशन का उद्देश्य था?

मिशन इन्द्रधनुष।

97. किस राज्य में उजाला मित्र योजना शुरू की गई है?

उत्तराखण्ड में।

98. पुरुष हॉकी वर्ल्ड कप 2018 कहाँ आयोजित किया जाएगा?

भुवनेश्वर।

99. दिस. 2017 में फुटबॉल के प्रतिष्ठित पुरस्कार 'बैलोनडिओर' से किसे पुरस्कृत किया गया?

क्रिस्टियानो रोनाल्डो।

100. हाल ही में हुये हिमांचल प्रदेश विधान सभा चुनाव के बाद किसे मुख्यमंत्री बनाया गया?

जयराम ठाकुर।

101. जी-20 का 13वाँ शिखर सम्मेलन कहाँ आयोजित किया गया?

अर्जेंटीना (हाल ही में सम्पन्न हुआ)।

102. नव. 2017 में संपन्न डेविस कप खिताब किस देश ने जीता?

फ्रांस ने।

103. वर्तमान में नीति आयोग के उपाध्यक्ष कौन है?

राजीव कुमार।

104. 'बेटी बचाओ, बेटी पढाओ' सप्ताह कब मनाया गया?

9 – 14 अक्टूबर 2017।

105. वर्ष 2011की जन गणना कौन सी जन गणना थी?

15वीं।

106. हाल ही में हुये हिमांचल प्रदेश विधान सभा चुनाव के बाद किसे मुख्यमंत्री बनाया गया?

जयराम ठाकुर।

107. भारत का प्रथम अखिल भारतीय आयुर्वेदिक संस्थान कहाँ स्थित है?

नई दिल्ली।

108. आशियान का मुख्यालय कहाँ स्थित है?

जकार्ता (इण्डोनेशिया)।

109. हाल ही में धनुष मिसाइल का सफल परीक्षण कहाँ किया गया?

उड़ीसा में।

110. 14 जनवरी 2018 को इजरायल के प्रधानमंत्री व नरेंद्र मोदी जी ने पूर्वी दिल्ली स्थित तीन मूर्ति चौक का नाम बदल कर तीन मूर्ति हाइफा चौक रख दिया थ, हाइफा का सम्बंध सम्बंध किससे है?

इजराइल का एक शहर है।

111. हाल ही में किसने पहली बार रणजी ट्रॉफी जीती है?

विदर्भ ने।

112. देश का पहला हथियार संग्रहालय की स्थापना कहाँ की गई है?

चाँदीपुर, उड़ीसा।

113. आईबीएसएफ द्वारा आयोजित विश्व स्नूकर चैम्पियनशिप का आयोजन 27 नव. 2017 कहाँ किया गया था, जिसे भारत के पंकज आडवाणी ने जीता था?

दोहा।

114. राष्ट्रपति रामनाथ कोविंद ने बिहार में 'कृषि रोड मैप वर्ष 2017 - 2022' का उद्घाटन कब किया?

9 नवम्बर 2017 को।

115. हाल ही में किस राज्य में भूमि दस्तावेजों को आधार से जोड़ने की घोषणा की गई?

उत्तर प्रदेश में।

116. कांडला पोर्ट ट्रस्ट का नाम बदल कर क्या रख दिया गया?

दीनदयाल पोर्ट ट्रस्ट (देश का पहला मुक्त व्यापार क्षेत्र)।

117. प्रधानमंत्री नरेंद्र मोदी ने वर्ष 2017 का योग दिवस कहाँ मनाया था?

रमाबाई पार्क, लखनऊ।

118. हाल ही में कौन सा राज्य खुले में शौच मुक्त घोषित किया गया है?

अरूणांचल प्रदेश।

119. 8 जून 2017 को प्रथम मानव गोलमेज सम्मेलन का आयोजन किसके द्वारा किया गया?

भारतीय रेलवे के द्वारा।

120. कंबाला बिल किससे सम्बंधित है?

यह भैसों की दौड़ से सम्बंधित, जो कि केरल में होती है।

121. किस देश ने विश्व की सबसे ऊँची सुरंग का निर्माणकिया है?

चीन ने।

122. दुनिया का सबसे व्यस्ततम एयरपोर्ट का क्या नाम है?

मुम्बई एयरपोर्ट (प्रतिदिन 837 प्लेन)।

123. भारत का कौन सा राज्य अपना अलग टाइम जोन बनाने की माँग कर रहा है?

अरुणांचल प्रदेश।

124. भारत का पहला निजी रेलवे स्टेशन कहाँ विकसित किया गया है?

हबीवगंज रेलवे स्टेशन, भोपाल में।

125. स्पोर्ट्स मेडिसिन और स्पोर्ट्स सांइस पर आयोजित पहला अंतर्राष्ट्रीय सम्मेलन सैकॉन 2017 का उद्घाटन कहाँ हुआ?

नई दिल्ली में कर्नल राजवर्धन राठौड़ द्वारा।

126. हाल ही में विश्व पुस्तक मेला का आयोजन कहाँ किया गया था?

नई दिल्ली में।

127. दीनदयाल स्पर्श योजना का सम्बंध किससे है?

डाक टिकट संग्रह को प्रोत्साहन देने के लिये।

128. विश्व व्यापार संगठन का 11वाँ सम्मेलन कहाँ हुआ?

अर्जेंटीना (10 से 13 दिस. 2017)।

129. राष्ट्रीय बाल फिल्म महोत्सव 2017 का आयोजन कहाँ किया गया?

विशाखापत्तनम।

130. त्रिपुरा में नवनियुक्त मुख्यमंत्री का नाम बताओ?

बिप्लव देव।

131. देश की प्रथम हैलीटैक्सी सेवा कहाँ प्रारम्भ की गई?

बैंगलोर में।

132. किस प्रदेश में 'अमा गांव, अमा विकास' योजना प्रारम्भ की?

उड़ीसा।

133. विश्व का सबसे बड़ा सौर पार्क कहाँ स्थापित किया गया?

कर्नाटक में (13000 एकड़ क्षेत्र में फैला है)।

134. राष्ट्रीय संस्कृति महोत्सव 2018 कहाँ आयोजित किया गया?
इंदौर, मध्य प्रदेश।
135. मा. रामनाथ कोविंद कौन से वें के राष्ट्रपति हैं?
14वें।
136. मई, 2017 में इसरो ने किस रॉकेट से दक्षिण एशिया संचार उपग्रह जीसैट – 9 का सफल प्रक्षेपण किया?
जीएसएलवी-एफ 09।
137. फोर्ब्स द्वारा जारी 2017 की विश्व की 100 सर्वाधिक शक्तिशाली महिलाओं की सूची में किसे प्रथम स्थान प्राप्त हुआ?
एंजेला मार्केल को।
138. संयुक्त राष्ट्र जलवायु परिवर्तन सम्मेलन 2017 कहाँ आयोजित किया गया?
बॉन, जर्मनी में।
139. पं. दीनदयाल उपाध्याय कौशल विकास प्रतिष्ठान योजना का शुभारम्भ कब हुआ?
24 मई 2017 को।
140. उ.प्र. सरकार ने किस दिन को उत्तर प्रदेश दिवस के रूप में मनाने का निर्णय लिया है?
24 जनवरी।
146. अंतर्राष्ट्रीय श्रमिक दिवस कब मनाया जाता है?
1 मई को।
147. राजीव गाँधी गोल्ड कप किस खेल से सम्बंधित है?
फुटबाल से।
148. प्रसिद्ध तैराक माइकल फेल्प्स किस खेल से सम्बंधित है?
अमेरिका से।
149. कामसूत्र किसकी रचना है?
वात्सायन।
150. ओलम्पिक खेल किस देश से सम्बंधित है?
यूनान से।
151. भारतीय रेलवे की स्थापना कब हुई?

16 अप्रैल 1853।

152. लज्जा किसकी रचना है?

तसलीमा नसरीन।

153. भारतीय राष्ट्रीय काग्रेस की स्थापना कब हुयी?

1885 में।

154. तक्षशिला वर्तमान में कहाॅ है?

पाकिस्तान में।

155. यूनीसेफ का मुख्यालय कहाॅ है?

न्यूयॉर्क में।

156. किस राज्य में महिला मुख्यमंत्री कभी नहीं बनी?

महाराष्ट्र में।

157. भारत में सबसे अधिक दाल का उत्पादन किस राज्य में होता है?

मध्य प्रदेश में।

158. नोबेल गैस के नाम से किस गैस को जाना जाता है?

हीलियम को।

केन्द्र सरकार की 10 चर्चित योजनायें

1. प्रधानमंत्री जन-धन योजना – 28 अगस्त 2014

सभी को बैंक खाते से जोड़ना।

2. मेक इन इंडिया – 25 सित. 2014

विनिर्माण को बढावा।

3. सांसद आदर्श ग्राम योजना – 11 अक्टू. 2014

प्रत्येक सांसद द्वारा कम से कम 1 ग्राम को विकसित करना।

4. मिशन इंद्रधनुष योजना – 14 अगस्त 2015

सार्वजनिक क्षेत्र के बैंकों में सुधार।

5. उज्जवला योजना – 1 मई 2016

बी.पी.एल परिवारों को मुफ्त गैस कनेक्शन।

6. स्वच्छ भारत मिशन – 2 अक्टू. 2014

स्वच्छता व शौचालय को बढ़ावा देना।

7. बेटी बचाओ बेटी पढाओ – 22 जन. 2015

बालिकाओं के संरक्षण व पढाई मे जागरुकता से सम्बंधित।

8. स्मार्ट सिटी परियोजना – 25 जून 2015

देश के 100 शहरों को विकसित कर स्मार्ट बनाना।

9. स्टार्टअप इंडिया -16 जन. 2016

निजी उद्योगों को बढ़ावा देने के लिये।

10. स्टैण्डअप इंडिया – 5 अप्रैल 2016

महिलाओं व निम्न वर्ग को साथ लाने के लिये।

संयुक्त राष्ट्र संघ

- स्थापना : 24 अक्टूबर 1945
- मुख्यालय : न्यूयॉर्क
- कुल सदस्य : 193 देश

प्रमुख अंग :

- महासभा : इसमें सभी देशों को सदस्यता प्राप्त है। इसका अधिवेशन वर्ष में एक बार अवश्य बुलाया जाता है, जो सामान्यतः सितम्बर माह में न्यूयॉर्क में होता है।
- सुरक्षा परिषद् : पाँच स्थाई सदस्य – अमेरिका, चीन, ब्रिटेन, फ्रांस, रूस। दस अस्थाई सदस्य जिन्हे दो वर्ष के लिये महासभा द्वारा चुना जाता है।
- आर्थिक व सामाजिक परिषद : कुल 54 सदस्य हैं। इसका कार्य सामाजिक, आर्थिक, शिक्षा व स्वास्थ्य से सम्बंधित विषयों पर चर्चा करना।
- अंतर्राष्ट्रीय न्यायालय : न्यायालय में 15 सदस्य होते हैं, जो महासभा व सुरक्षा परिषद द्वारा निर्वाचित किये जाते हैं। इसका मुख्यालय हेग (नीदरलैण्ड) है।
- न्यास परिषद : इसमें 11 देश रखे गये हैं।
- सचिवालय : यह संयुक्त राष्ट्र का प्रशासनिक अंग है। इसमें एक महासचिव व अन्य कर्मचारी होता है।

महासचिव : **एंटोनियो गुटरेस**।

संयुक्त राष्ट्र विशिष्ट अभिकरण व अन्य संगठन व उनके मुख्यालय :

- अंतर्राष्ट्रीय दूरसंचार संघ (ITU) – 1865 जेनेवा
- अंतर्राष्ट्रीय श्रम संगठन (ILO) – 1919 जेनेवा
- अंतर्राष्ट्रीय नागरिक उड्डयन संगठन (ICAO) – 1944 मॉण्ट्रियल
- विश्व बैंक(World Bank) -1945 वाशिंगटन डी. सी.
- खाद्य व कृषि संगठन (FAO) – 1945 रोम
- अंतर्राष्ट्रीय मुद्राकोष (IMF) – 1945 वाशिंगटन डी. सी.
- यूनेस्को (UNESCO) – 1946 पेरिस
- संयुक्त राष्ट्र बालकोष (UNICEF) – 1946 न्यूयॉर्क
- विश्व स्वास्थ्य संगठन (WHO) – 1948 जेनेवा
- विश्व मौसम विज्ञान संगठन (WMO) – 1951 जेनेवा
- विश्व व्यापार संगठन (WTO) – 1995 जेनेवा

राष्ट्रीय वन्य जीव अभयारण्य

सभी राज्यों के वन्य जीव अभयारण्य याद करने की सबसे आसान ट्रिक :

1. उत्तराखंड के वन्य जीव अभयारण्य :

ट्रिक : राजा जी नंदा,

- राजा – राजा जी राष्ट्रीय उद्यान
- जी – जिम कॉर्बेट राष्ट्रीय उद्यान
- नंदा – नंदा देवी राष्ट्रीय उद्यान

2. उत्तर प्रदेश के वन्य जीव अभयारण्य :

ट्रिक : दुध चंद्र,

- दुध – दुधवा राष्ट्रीय उद्यान
- चन्द्र – चंद्रप्रभा राष्ट्रीय उद्यान

3. गुजरात के वन्य जीव अभयारण्य :

ट्रिक : नल गिर,

- नल – नल सरोवर अभयारण्य
- गिर – गिर राष्ट्रीय उद्यान।

4. राजस्थान के वन्य जीव अभयारण्य :

ट्रिक : रण के सर,

- रण – रणथम्भौर अभयारण्य
- के – केवलादेवी घाना पक्षी विहार
- सर – सरिस्का टाइगर रिजर्व।

5. असम के वन्य जीव अभयारण्य :

ट्रिक : मानस का गरम सोना,

- मानस - मानस राष्ट्रीय उद्यान
- का – काजीरंगा राष्ट्रीय उद्यान
- गरम – गरम पानी वन्य जीव अभयारण्य
- सोना – सोनाई रुपा वन्य जीव अभयारण्य

6. केरल के वन्य जीव अभयारण्य :

- पेरीयार वन्य जीव अभयारण्य

7. पश्चिम बंगाल के वन्य जीव अभयारण्य :

ट्रिक – सुंदर जल

- सुंदर – सुंदर वन टाइगर रिजर्व
- जल –जलदापारा वन्य जीव अभयारण्य

8. उड़िशा के वन्य जीव अभयारण्य :

ट्रिक – नंदन सी,

- नंदन – नन्दन कानन वन्य जीव अभयारण्य
- सी – सिमिलीपाल वन्य जीव अभयारण्य

9. मध्य प्रदेश के वन्य जीव अभयारण्य :

ट्रिक : कान्हा बांध

- कान्हा – कान्हा किसलीराष्ट्रीय उद्यान
- बांध – बांधवग़ढ़ राष्टीय उद्यान

10. कर्नाटक के वन्य जीव अभयारण्य :

ट्रिक : तुंबा नगर का सोभा

- तुंबा – तुंगभद्र अभयारण्य
- बा – बांदीपुर राष्ट्रीय उद्यान
- नगर – नगरहोल राष्ट्रीय उद्यान
- सो – सोमेश्वर अभयारण्य
- भा – भद्रा अभयारण्य।

26 जनवरी 2018 के दिन #पद्म_पुरस्कारों से जिन हस्तियों को सम्मानित किया जायेगा उनकी लिस्ट एक साथ देखें--------

- **#पद्म विभूषण**

1. इलैयाराजा- कला और संगीत के क्षेत्र में (तमिलनाडु)
2. गुलाम मुस्तफा खान- कला और संगीत (महाराष्ट्र)
3. परमेश्वरन परमेश्वरन - साहित्य और शिक्षा (केरल)

- **#पद्म भूषण**

1. महेंद्र सिंह धोनी - स्पोर्ट्स-क्रिकेट (झारखंड)
2. फिलिपोस मार क्रिसोस्टम - अध्यात्म (केरल)
3. पंकज आडवाणी - स्पोर्ट्स-बिलियर्ड्स (कर्नाटक)
4. अलेक्जेंडर कदाकिन - पब्लिक अफेयर्स (मरणोपरांत- रूस)

5. रामचंद्रन नागास्वामी - अन्य (तमिलनाडु)

6. वेद प्रकाश नंदा - साहित्य एवं शिक्षा (अमेरिका)

7. लक्ष्मण पई - कला, पेंटिंग (गोवा)

8. अरविंद पारिखे - कला-संगीत (महाराष्ट्र)

9. शारदा सिन्हा - कला-संगीत (बिहार)

➢ **#पद्मश्री**

1.अरविंद गुप्ता - साहित्य और शिक्षा

2.भज्जू श्याम - कला

3.सुशांशु बिस्वास - सामाजिक कार्य

4.लक्ष्मी कुट्टी - मेडिसिन, स्नेक बाइट

5.एमआर राजगोपाल - मेडिसिन

6.राजगोपालन वासुदेवन - विज्ञान और इंजीनियरिंग) इनोवेशन(

7.सुभाषिनी मिस्त्री - सामाजिक कार्य

8.विजयलक्ष्मी नवनीत कृष्णन - साहित्य और शिक्षा

9.सुलागत्ति नरसम्मा - चिकित्सा

10.यहींही ढोडेन - चिकित्सा

11.रानी और अभय बांग -मेडिसिन

12.लेंटिना ठक्कर - सोशल वर्क

13.रोमुलस वाइटैकर - वाइल्ड लाइफ संरक्षण

14.संपत राम टेके - सोशल वर्क

15.संदूक रुइत - मेडिसिन

16.भगीरथ प्रसाद त्रिपाठी

17.एल .सुबादानी देवी

18.इब्राहिम सुतार मानस बिहारी वर्मा

19.अनवर जलाली

20.वी .नानाम्मल

21.नोफ मारवाई

22.सीताव्वा जोड्डाती

23.मनोज जोशी

ओलम्पिक खेल :

- आरम्भ – 776 ई.पू.
- आधुनिक ओलम्पिक खेल का आरम्भ – 1896 ई. में एथेंस (यूनान)।
- 2008 में ओलम्पिक खेलों का आयोजन – बीजिंग (चीन)।
- 2012 में ओलम्पिक खेलों का आयोजन – लंदन (इंग्लैण्ड)।
- 2016 में ओलम्पिक खेलों का आयोजन – रियो डि जिनेरियो (ब्राजील)।
- 2020 में ओलम्पिक खेलों का आयोजन टोक्यो (जापान) में होगा।
- ओलम्पिक खेलों का आयोजन प्रत्येक चार वर्ष के अंतराल पर होता है।
- भारत ने 1900 ई. में सर्वप्रथम इस खेल में भाग लिया।
- हॉकी में भारत ने वर्ष 1928 में पहला स्वर्ण पदक जीता।
- 1940 व 1944 में द्वितीय विश्वयुद्ध के कारण ओलम्पिक खेल नहीं हुये।

क्विज : (उत्तर अंत में चेक करें।)

1. वर्ष 2017 का लोकमान्य तिलक पुरस्कार किसे दिया गया?
2. उ.प्र. की नियमावली में रख-रखाव के लिये ई-ऑफिस व्यवस्था लागू करने की प्रस्तावित तिथि क्या थी?
3. NCERT व किस कम्पनी ने मिलकर साझेदारी से डिजिटल सेफ्टी के विषय में पढाई कराने की बात की?
4. हाल ही में किस महिला गेंदबाज ने 200 वनडे विकेट पूरे किये?
5. जून, 2017 में प्रक्षेपित विश्व के पहले अंतरिक्षयान का नाम बताइये।
6. हाल ही में किस राज्य सरकार द्वारा वर्षाधारी परियोजना लागू की?
7. हाल ही में किस राष्ट्रीय संस्था ने राष्ट्रव्यापी 'मेंटर इण्डिया' अभियान की शुरुआत की?
8. हाल ही में किस राज्य सरकार ने 'मुख्यमंत्री मेधावी छात्र योजना' की शुरुआत की?
9. हाल ही में डॉ. भक्ति यादव का निधन हो गया। वह कौन थी?
10. हाल ही में किस राज्य में 11.5 हजार टन सोने के भण्डार का पता चला?
11. हाल ही में किस देश में जाने वाले प्रथम प्रधानमंत्री नरेंद्र मोदी बने?
12. भारत ने अण्डर – 19 क्रिकेट वर्ल्ड कप किस देश को हरा कर जीता?
13. हाल ही में मुख्य चुनाव आयुक्त के रूप में किसे नियुक्त किया गया है?
14. 'ए सेंचुरी इज नॉट इनफ' किस खिलाड़ी की आत्मकथा है?
15. वर्ष 2018 में एथलेटिक्स विश्व कप की मेजबानी कौन सा शहर करेगा?
16. किस राज्य के भाजपा सांसद हुकुम सिंह का निधन हुआ?
17. 'एग्ज़ाम वॉरियर्स' पुस्तक के लेखक कौन हैं?
18. 'खेलो इण्डिया स्कूल गेम्स' में सबसे अधिक पदक जितने वाला प्रदेश कौन सा है?
19. किस राज्य की सरकार ने शहीद जवानों के आश्रितों को नौकरी की घोषणा की है?
20. विश्व में नारियल उत्पादन व उत्पादकता में कौन सा देश अग्रणी है?
21. 48वां विश्व आर्थिक मंच किस शहर में सम्पन्न हुआ?
22. चौथा भारतीय अंतर्राष्ट्रीय विज्ञान पर्व किस शहर में आयोजित होगा?

23. 'भारत के वीर' मुहिम का ब्रांण्ड एम्बेसडर किस अभिनेता को बनाया गया?

24. आनंदीबेन पटेल किस प्रदेश की राज्यपाल नियुक्त की गयी?

25. शीतकालीन ओलम्पिक की मेजबानी कौन सा देश कर रहा है?

उत्तर :

1. आचार्य बालकृष्ण को।
2. 1 अक्टूबर, 2017।
3. गूगल।
4. झूलन गोस्वामी।
5. स्प्राइट।
6. कर्नाटक।
7. नीति आयोग।
8. मध्य प्रदेश।
9. चिकित्सक।
10. राजस्थान।
11. फिलिस्तीन।
12. ऑस्ट्रेलिया।
13. ओमप्रकाश रावत।
14. सौरव गांगुली।
15. लन्दन।
16. उ.प्र.।
17. नरेंद्र मोदी।
18. हरियाणा।
19. उ. प्र.।
20. भारत।
21. दावोस(स्विट्जरलैण्ड)।
22. लखनऊ।
23. अक्षय कुमार।
24. मध्य प्रदेश।
25. दक्षिणी कोरिया।

उत्तर प्रदेश सामान्य ज्ञान से सम्बंधित सभी महत्वपूर्ण प्रश्न - 1 :

1. उत्तर प्रदेश का स्थापना दिवस कब मनाया जाता है?

25 जनवरी 1950।

2. कुछ महत्वपूर्ण तथ्य :

राजकीय भाषा : हिंदी, उर्दू।

राजकीय पुष्प : पलाश।

राजकीय चिन्ह : तीर कमान व मछली।

राजकीय वृक्ष : अशोक।

राजकीय पशु : बारहसिंगा।

राजकीय पक्षी : सारस।

राज्यपाल : श्री रामनाइक।

मुख्यमंत्री : योगी आदित्यनाथ जी।

कुल मंडल : 18।

कुल जिले : 75।

कुल लोकसभा सदस्य : 80।

कुल राज्यसभा सदस्य : 31।

कुल विधानसभा सदस्य : 404।

कुल विधान परिषद सदस्य : 100।

प्रथम मुख्यमंत्री : गोविंद बल्लभ पन्त।

प्रथम महिला मुख्यमंत्री : सुचेता कृपलानी।

प्रथम राज्यपाल : श्रीमती सरोजनी नायडू।

प्रथम विधानसभा अध्यक्ष : पुरुषोत्तम दास टण्डन।

साक्षरता प्रतिशत : 69.76%

3. रोजगार की दृष्टि से उत्तर प्रदेश का सबसे बड़ा उद्योग कौन सा है?

हथकरघा उद्योग।

4. भारत का प्रथम चीनी मिल कहाँ स्थापित हुआ?

1903 में यूपी के देवरिया में।

5. उ.प्र. कन्या विद्या धन योजना की शुरुआत कब हुई?

2004-05 में।

6. स्कूल चलो अभियान की शुरुआत कब हुई?

2000 में।

7. संकिसा बौद्ध धर्म कहाँ स्थित है?

फर्रूखाबाद।

8. भारतीय वनस्पति शोध संस्थान कहाँ स्थित है?

लखनऊ।

9. उ.प्र. के प्रमुख लोकगीत का नाम बताओ।

बिरहा, कजरी, रसिया।

10. बिरहा कहाँ प्रसिद्ध है?

पूर्वांचल में।

11. उ.प्र. का उच्च न्यायालय कहाँ स्थित है?

इलाहाबाद।

12. उ.प्र. में पाये जाने वाले प्रमुख खनिज का नाम बताओ।

लाइमस्टोन, डोलोमाइट।

13. उ.प्र. में जैन व बौद्ध धर्म दोनों का प्रसिद्ध तीर्थ स्थान का नाम बताओ।

कौशाम्बी।

14. उ.प्र. का परमाणु ऊर्जा संयंत्र का नाम बताओ।

नरौरा बुलंदशहर में।

15. उ.प्र. में वैट कब लागू किया गया?

1 जन. 2008।

16. महर्षि वाल्मीकि आश्रम कहाँ स्थित है?

बिठूर में।

17. सिकंदर लोदी ने किस शहर का निर्माण करवाया?

आगरा शहर का।

18. एल्फ्रेड पार्क कहाँ स्थित है?

इलाहाबाद।

19. भारतीय दलहन अनुसंधान संस्थान कहाँ स्थित है?

कानपुर।

20. क्षेत्रफल की दृष्टि से उ.प्र. का सबसे बडा जिला कौन सा है?

लखीमपुर खीरी।

21. उ.प्र. की सीमा किस देश से लगती है?

नेपाल।

22. उ.प्र. में नॉलेज पार्क कहाँ स्थित है?

ग्रेटर नोएडा में।

23. कृत्रिम अंग निर्माण लिमिटेड कहाँ स्थित है?

कानपुर।

कम्प्यूटर

1. कम्प्यूटर को किस प्रकार की बुद्धि की संज्ञा दी गई है?
कृत्रिम।
2. कम्प्यूटर में सूचना किसे कहा जाता है?
एकत्रित डाटा को।
3. इनपुट का आउटपुट में रूपांतरण किसके द्वारा किया जाता है?
सी.पी.यू.।
4. कम्प्यूटर में जाने वाले डाटा को क्या कहते हैं?
इनपुट।
5. 1 MB में कितने KB होते हैं?
1024 KB ।
6. H.T.T.P. का पूर्ण रूप क्या होगा?
Hyper Text Transfer Protocol. (हाइपर टेक्स्ट ट्रांसफर प्रोटोकॉल)।
7. भारत सरकार द्वारा लॉन्च किये गये ऑपरेटिंग सिस्टम का नाम बताओ।
BOSS - भारत ऑपरेटिंग सिस्टम सोल्यूशन (BHARAT OPERATING SYSTEM SOLUTION)।
8. कार्य प्रणाली के आधार पर कम्प्यूटरों को कितने भागों में बाँटा जा सकता है?
तीन : एनालॉग, डिजिटल, हाइब्रिड।
9. कार्य क्षमता के आधार पर कम्प्यूटरों को कितने भागों में बाँटा जा सकता है?
चार : माइक्रो, मिनी, मेनफ्रेम, सुपर कम्प्यूटर।
10. प्रथम गणना यंत्र का नाम बताओ।
अबेकस।
11. अबेकस का निर्माण किस देश में हुआ?
चीन।

12. डेटा को इनफॉर्मेशन में कनवर्ट करते हुये प्रोसेस करने वाले डिवाइस को क्या कहते हैं?

प्रोसेसर।

13. पंच कार्ड का आविष्कार किसने किया?

हरमन होलरेथ।

14. वह नेटवर्क जो ऑडियो वीडियो दोनों को स्थांनांतरित करे?

ISDN (Integrated Satellite Digital Network)

15. प्रथम मैकेनिकल कैलकुलेटर का निर्माण किसने किया?

ब्लेज पास्कल।

16. कम्प्यूटर की बुनियादी संरचना का विकास किसने किया था?

चार्ल्स बैवेज ने।

17. पाँचवी पीढी के कम्प्यूटर में किस उपकरण का प्रयोग नहीं किया गया?

निर्वात ट्यूब।

18. इंटरनेट के माध्यम से संदेश भेजने की सुविधा को किस नाम से जाना जाता है?

ई-मेल।

19. पेन ड्राइव क्या है?

द्वितीयक स्टोरेज यूनिट, जिसे कम्प्यूटर से हटाया जा सकता है।

20. सामान्य रूप से सामान्य कार्यों के लिये प्रयुक्त किया जाने वाला कम्प्यूटर को क्या कहते हैं?

डिजिटल कम्प्यूटर।

21. प्रसार भारती का गठन कब हुआ?

1997 ई.।

22. शैक्षिक प्रौद्योगिकी का सर्वप्रथम प्रयोग किसने किया?

ब्राइनमोर जोंस।

23. शैक्षिक प्रौद्योगिकी पर कार्य करने वाले किसी एक महत्वपूर्ण वैज्ञानिक का नाम बताओ।

स्किनर।

24. मल्टी प्रोसेसिंग का प्रयोग किस पीढी के कम्प्यूटर से शुरू हुआ था?
तृतीय पीढी से।
25. माइक्रोप्रोसेसर किस पीढी के कम्प्यूटर से प्रयोग किये जाते थे?
चतुर्थ पीढी से।
26. लॉजिक गेट क्या है?
एक प्रकार का सर्किट।
27. भारत में निर्मित 'परम' किस प्रकार का कम्प्यूटर है?
सुपर कम्प्यूटर।
28. कम्प्यूटर के निर्माण में सर्वाधिक योगदान किस का था?
वॉन न्यूमान।
29. सर्वाधिक तेज़ गति का प्रिंटर कौन सा है?
लेजर प्रिंटर।
30. L.C.D. का पूरा नाम क्या होता है?
LIQUID CRYSTAL DISPLAY ।
31. अधिकांश उत्पादों पर प्रिंटेड लाइनों के पैटर्न को क्या कहते हैं?
बारकोड।
32. व्यक्तिगत कम्प्यूटर में सबसे साधारण स्टोरेज डिवाइस कौन सा है?
फ्लॉपी डिस्क।
33. फ्लॉपी डिस्क किस प्रकार की मेमोरी से सम्बंधित है?
एक्सटर्नल।
34. जब कम्प्यूटर में कोई डॉक्यूमेंट अस्थाई रूप से स्टोर होता है, तो वह कहाँ स्टोर होता है?
रैम में।
35. सी.डी. को कॉम्पैक्ट डिस्क के अन्य किस नाम से जाना जाता है?
ऑप्टिकल डिस्क।
36. डीवीडी का पूरा नाम बताओ।
डिजिटल वीडियो डिस्क(DIGITAL VIDEO DISK) / DIGITAL VERSATILE DISK।

37. ओरेकल क्या है?
डाटाबेस सॉफ्टवेयर।

38. जावा लैंग्वेज का ऑविष्कार किसने किया?
सन माइक्रोसिस्टम के जेम्स गोसलिंग।

39. एक्सेल फाइल के लिये कौन सा एक्सटेंशन लगाया जाता है?
.xls।

40. भारत सरकार द्वारा लॉन्च किये गये एंटीवायरस का नाम बताओ।
साइबर स्वच्छता केंद्र।

41. वर्ड के डॉक्यूमेंट का डिफाल्ट एक्सटेंशन क्या होता है?
.doc

42. टास्कबार कहाँ स्थित होता है?
स्क्रीन के बॉटम पर।

43. स्पैम क्या होता है?
जंक ई-मेल या अनचाहे ई-मेल।

44. शिक्षा क्षेत्र में सामान्यतः प्रयोग किये जाने डोमेन नेम में क्या एक्सटेंशन प्रयोग करते हैं?
.edu

45. परस्पर सम्बंधित रिकॉर्ड के समूह को क्या कहते हैं?
डाटाबेस।

46. इंटरनेट से सम्बंधित एफ. टी. पी. शब्द का अर्थ बताइये।
फाइल ट्रांसफर प्रोटोकॉल।

47. कम्प्यूटर की स्क्रीन पर दिखाई देने वाले प्रतीक चिन्ह को क्या कहते हैं?
कर्सर।

48. प्रथम पीढ़ी के कम्प्यूटर में क्या प्रयोग होता था?
इलेक्ट्रोड वाल्व।

49. भारत द्वारा बनाया गया पहला सुपर कम्प्यूटर कौन सा है?
परम।

50. पहला इलेक्ट्रानिक कम्प्यूटर कौन सा है और यह कौन सी पीढ़ी में बना था?
ENIAC । इसका निर्माण प्रथम पीढ़ी में हुआ था।

51. ट्राजिस्टर का प्रयोग किस पीढ़ी में हुआ था?
द्वितीय पीढीमें।

52. तीसरी पीढी का अवधि काल क्या है?
1964 – 1970।

53. कम्प्यूटर साक्षरता दिवस कब मनाया जाता है?
2 दिसम्बर को।

54. LSI व VLSI का प्रयोग किस पीढी में किया गया?
चतुर्थ पीढी में।

55. कम्प्यूटर कितने प्रकार का होता है?
3 प्रकार का :

- एनालॉग कम्प्यूटर,
- डिजिटल कम्प्यूटर,
- हाइब्रिड कम्प्यूटर।

56. कम्प्यूटर सिस्टम की कितनी इकाई हैं?
चार इकाई हैं :

- इनपुट इकाई,
- सी.पी.यू.
- स्टोरेज इकाई,
- ऑउटपुट इकाई।

57. कम्प्यूटर की प्रमुख इनपुट इकाई के नाम बताओ?
की-बोर्ड, माउस, लाइट पेन, स्कैनर, वेब कैमरा आदि।

58. कम्प्यूटर की प्रमुख ऑउटपुट इकाई के नाम बताओ?
मॉनीटर, प्रिन्टर, मॉडम आदि।

59. डाटा किसे कहते है?
तथ्यों का संकलन होता है, जिसे आवश्यकतानुसार व्यवस्थित करके सूचना प्राप्त की जाती है।

60. कम्प्यूटर की प्रमुख अंगों के नाम बताओ?
कम्प्यूटर डाटा, कम्प्यूटर हार्डवेयर, कम्प्यूटर सॉफ्टवेयर, कम्प्यूटर यूजर, गाइड लाइन व तरीके।

61. कम्प्यूटर के प्रमुख कार्य बताइये।

कम्प्यूटर के प्रमुख कार्य निम्न है :

- डाटा संकलन,
- डाटा संसाधन,
- कैकुलेशन करने में,
- डाटा का संचालन।

62. कम्प्यूटर की सीमायें क्या है?

कम्प्यूटर की सीमायें निम्न है :

- खर्चीला,
- बुद्धिहीन,
- लाइट पर निर्भरता।

63. कम्प्यूटर के जनक (आविष्कारक) का नाम बताओ।

चार्ल्स बैवेज।

64. कम्प्यूटर का दिमाग किसे कहते हैं?

सी.पी.यू.(CPU) को।

65. दूसरी पीढी के कम्प्यूटर का काल बताइये।

1955 – 1964।

66. लैन(LAN) का पूरा नाम बताइये।

लोकल एरिया नेटवर्क।

67. पहली कम्प्यूटर भाषा का क्या नाम था?

फोरट्रान।

68. कम्प्यूटर में 'आई. सी.' का क्या अर्थ है?

एकीकृत परिपथ।

69. कम्प्यूटर के लिये आई. सी. चिप प्रायः किस पदार्थ की बनाई जाती है?

सिलिकॉन।

70. फेसबुक के निर्माता का नाम बताओ।

मार्क जुकरबर्ग।

71. 1 बाइट में कितने बिट होते हैं?

8 बिट।

72. WWW का पूरा नाम क्या है?

World Wide Web (वर्ल्ड वाइड वेब)।

73. WWW की शुरुआत किसने की?

टिम बर्नर्स ली।

74. किसको कम्प्यूटर की मुख्य स्मृति कहा जाता है?

रैम को।

75. ऐसा प्रोग्राम या सॉफ्टवेयर जो कम्प्यूटर को हानि पहुँचाता है, क्या कहते हैं?

वाइरस।

76. 'नेटवर्कों का नेटवर्क' किसे कहा जाता है?

इंटरनेट को।

77. कम्प्यूटर में डिलीट की गई फाइल किस जगह संग्रहीत होती हैं?

रिसाइकिल – बिन में।

78. वेब ब्राउजर किसे कहते हैं?

ऐसा सॉफ्टवेयर जिसके द्वारा हम इंटरनेट पर कार्य करते हैं।

79. किन्ही दो वेब ब्राउजर का नाम बताओ।

क्रोम, मोजिला फायरफॉक्स, सफारी, ओपेरा मिनी।

80. ए.टी.एम (A.T.M) का पूरा नाम क्या है?

ऑटोमेटिक टेलर मशीन।

81. बग (BUG) क्या है?

किसी प्रोग्राम में त्रुटि।

82. प्रथम गणना यंत्र है –

अबेकस।

83. भारत निर्मित प्रथम कंप्यूटर का क्या नाम था?

सिद्धार्थ।

84. सी.पी.यू. का वह भाग जो कंप्यूटर के अन्य सभी भागों की गतिविधियों को कोआर्डीनेट करता है?

कंट्रोल यूनिट(Control Unit)।

85. A.L.U. का पूरा नाम है - Arithmetic Logical Unit।

86. कंप्यूटर का नियंत्रक भाग है –

सी.पी.यू.।

87. पहले से चल रहे कंप्यूटर को रिस्टार्ट करना कहलाता है –

रीबूटिंग।

88. सॉफ्टवेयर कोड में त्रुटि दूढ़ने की प्रक्रिया को कहते है –

डीबगिंग।

89. असेम्बलर क्या है?

असेम्बली भाषा को यांत्रिक भाषा में परिवर्तित करना।

90. कंप्यूटर में जाने वाले डाटा को कहते है –

इनपुट डाटा।

91. RAM - RANDOM ACCESS MEMORY

ROM – READ ONLY MEMORY

92. किस मेमोरी में रखा गया डाटा लाइट के जाते ही समाप्त हो नहीं जाता है?

रोम (ROM)। इसमें डाटा के डिलीट होने का खतरा नहीं रहता है।

93. किस मेमोरी में रखा गया डाटा लाइट के जाते ही समाप्त हो जाता है?

रैम (RAM) ।

94. कंप्यूटर में किसी शब्द की लम्बाई किसमें मापते है?

बिट (BIT) में।

95. स्टोरेज क्षमता की इकाई क्या है?

बाइट (BYTE)।

96. GUI का पूरा नाम है -

GRAPHICAL USER INTERFACE ।

97. एम. एस. विंडोज किसका उदाहरण है?

GUI का।

98. कंप्यूटर के संचालन में प्रयुक्त प्रोग्राम, नियम व कंप्यूटर क्रियाओं से सम्बधित अन्य लिखित सामग्री को कहा जाता है –

सॉफ्टवेयर।

99. डाइरेक्टरी के अंदर की डाइरेक्टरी को क्या कहते है?

सब-डाइरेक्टरी।

100. वायरस, ट्रोजेन-हॉर्सेस क्या है?

ये कंप्यूटर प्रणाली को हानि पहुँचाने में सक्षम होते है।

101. भारत में सर्वप्रथम दिखाई देने वाला कंप्यूटर वायरस है –

सी-ब्रेन।

102. वेबसाइट किसका संग्रहा है?

वेब पेजेस का।

103. वेबसाइट को देखने के लिये प्रयुक्त किये जाने वाले प्रोग्राम को कहते है?

ब्राउजर।

104. जावा क्या है?

एक उच्च-स्तरीय लैंग्वेज (भाषा) जिसके द्वारा कंप्यूटर के प्रोग्राम बनाये जाते है।

105. बिट क्वाइन (BIT COIN) क्या है?

यह एक प्रकार की क्रिप्टो करंसी (CRYPTO CURRENCY) है।

106. गूगल (Google) क्या है?

यह एक सर्च इंजन है।

107. एम. एस. ऑफिस (M. S. Office) का पूरा नाम बताओ।

माइक्रोसॉफ्ट ऑफिस (Micro Soft Office)।

108. मॉड्यूलेटर-डी-मॉड्यूलेटर का सामान्य नाम क्या है?

मॉडेम।

109. HTTP का पूरा नाम बताओ।

HYPER TEXT TRANSFER PROTOCOL.

110. विद्यालय शैक्षिक प्रक्रिया का केंद्र बिंदु किसे कहा जाता है?

प्रधानाध्यापक को।

111. प्रथम पत्राचार विद्यालय कहाँ स्थापित किया गया?

भोपाल में।

112. मेमोरी से स्टोरेज के माध्यम से दस्तावेज कॉपी करने की प्रक्रिया को क्या कहते हैं?

सेविंग।

113. ऑरेकल क्या है?

डाटाबेस सॉफ्टवेयर।

114. एक हार्डवेयर जो डाटा को अर्थपूर्ण इंफॉमेशन में परिवर्तित करता है?

प्रोसेसर।

115. www का पूरा नाम बताओ।

World Wide Web.

116. प्वॉइंट एण्ड ड्रॉ डिवाइस के नाम से किसे जाना जाता है?

माउस को।

117. किस प्रोग्रामिंग लैंग्वेज को ट्रांसलेटर की जरूरत नहीं होती है?

मशीन लैंग्वेज।

118. फाइल एक्सटेंशन का प्रयोग किस लिये किया जाता है?

फाइल को आइडेंटीफाई करने के लिये।

119. ऐसी डिवाइस जो केबल के प्रयोग के बिना ही नेटवर्क से जोड़ती है, क्या कहते हैं?

वायरलेस।

120. उस नेटवर्क टोपोलॉजी का क्या नाम है जिसमें प्रत्येक नोड में द्विदिशीय कड़ियाँ होती है?

मेस टोपोलॉजी।

121. एक डिजिटल वॉच में किस तरह का कम्प्यूटर हो सकता है?

इम्बेडेड कम्प्यूटर।

122. डम्ब टर्मिनल किसे कहा जाता है?

सेंट्रल कम्प्यूटर को।

123. कम्प्यूटर सिस्टम के डाटा की ठीक वैसी ही कॉपी , जिसका प्रयोग सिस्टम फॉर्मेट होने के बाद किया जाता है, क्या कहते हैं?

बैकअप।

124. कम्प्यूटर व मोबाइल के माध्यम से टाइप के द्वारा की गई बातचीत को क्या कहा जाता है?

चैटिंग।

125. एफ. टी. पी. (F.T.P.) का पूर्ण रूप क्या होता है?

File Transfer Protocol.

126. इंटरनेट के माध्यम से किया जाने वाला बिजनेस क्या कहलाता है?

ई-कॉमर्स।

127. माइक्रोप्रोसेसर जो कम्प्यूटर का मस्तिष्क होता है, उसे क्या कहते हैं?
माइक्रोचिप।
128. किसी प्रोग्राम का चित्र के रूप में प्रदर्शन क्या कहलाता है?
फ्लोचार्ट।
129. किस प्रिंटर द्वारा स्ट्रोक से अक्षर प्रिंट होता है?
डॉट मैट्रिक्स प्रिंटर।
130. सेल फोन में किस प्रकार के स्टोरेज डिवाइस का उपयोग किया जाता है?
फ्लैश मेमोरी।
131. आधुनिक डिजिटल कम्प्यूटर में किस पद्धति का उपयोग किया जाता है?
द्वि-आधारी अंक पद्धति का।
132. FORTRAN की फुल फॉर्म क्या है?
Formula Translation.
133. प्लॉटर कौन सा डिवाइस होता है?
आउटपुट डिवाइस।
134. पूरी प्रिंटिंग प्रोसेस को कौन मैनेज करता है?
स्पूलर।
135. वैन(WAN) का उदाहरण बताइये।
Internet.
136. CAD का पूर्ण रूप बताइये।
Computer Aided Design.
137. NFS का पूर्ण रूप बताइये।
Network File System.
138. ब्लॉग किन दो शब्दों से मिलकर बना है?
वेब + लॉग।
139. कौन सी मेमोरी का एक्सेस समय सबसे कम होता है?
कैश मेमोरी (Cache Memory)।
140. URL का पूर्ण रूप बताइये?
Uniform Resource Locater.

जीवन कौशल

1. शिक्षा में कौन सी नैतिकता को स्थान दिया जाता है?
वर्णनात्मक नैतिकता।

2. व्यावसायिक नैतिकता कितने प्रकार की होती है?
प्रामाणिक, वर्णनात्मक अनुशासन।

3. शैक्षिक प्रशासन के दो मूल कार्य लिखिये।
नियोजन करना व नियंत्रण करना।

4. अनुशासन हीनता निवारण के उपाय लिखो।
सुधारात्मक उपाय, दण्डात्मक उपाय।

5. शिक्षक के प्रमुख कार्य बताइये।

- शिक्षा प्रदान करना,
- अनुशासन बनाये रखना।

6. शिक्षक में क्या गुण होने चाहिये।
स्वस्थ, चरित्रवान, सहनशील व सांवेगिक स्थिरता।

7. प्रधानाचार्य के दो प्रमुख कार्य बताइये।

- शिक्षण कार्य की व्यवस्था का संचालन करना,
- विद्यालय के कार्यों का पर्यवेक्षण करना।

8. राज्य की सर्वोच्च सत्ता को क्या कहा जाता है?
प्रभुसत्ता।

9. शिक्षक का व्यवहार छात्रों के प्रति कैसा होना चाहिये?
सहानुभूतिपूर्ण।

10. 'आदर्श नागरिकता सिद्धांत' किस प्रणाली से सम्बंधित है?
बेसिक शिक्षा प्रणाली।

11. राष्ट्रीय चेतना का विकास किसके द्वारा होता है?
शिक्षा द्वारा।

12. पुरस्कार क्यों दिये जाते हैं?

प्रोत्साहन द्वारा।

13. पुरस्कार किस प्रकार का प्रेरक है?

लाभदायी व उत्साहपूर्ण प्रेरक।

14. छात्र को मासिक या वार्षिक रूप से प्रदान की गयी कुछ धनराशि को क्या कहते हैं?

छात्रवृत्ति।

15. सर्वोत्तम पुरस्कार क्या है?

प्रशंसा व योग्यता की सराहना।

16. परीक्षा में छात्रों से किस तरह के प्रश्न पूछने चाहिये?

समझ व अनुप्रयोग आधारित।

17. कक्षा कक्ष का वातावरण किस तरह का होना चाहिये?

मित्रतापूर्ण, सहयोग व समायोजन का।

18. कक्षा में बैठक व्यवस्था कैसी होनी चाहिये?

कराई जा रही गतिविधि के अनुरूप।

19. छात्रों की वैयक्तिक भिन्नता के कारण शिक्षक में कौन सा गुण होना आवश्यक है?

विविध शैलियों व अनुभवों का होना।

20. मूल्यांकन प्रक्रिया के प्रमुख घटक बताइये।

उद्देश्य, अधिगम – अनुभव व मूल्यांकन के उपकरण।

21. दुबले पतले व क्षीण शरीर वाले बच्चों को क्या कहा जाता है?

समस्यात्मक बालक।

22. चिन्ह भाषा व श्रवण दृश्य विधि का प्रयोग किन बालकों की शिक्षा के लिये उपयोगी है?

मंदित श्रवण वाले बच्चे।

23. सत्र के अंत में आयोजित की जाने वाली परीक्षा मूल्यांकन के किस गुण की अवहेलना करती है?

निरंतरता।

24. शिक्षा के क्षेत्र में पाठ्यचर्या का शाब्दिक अर्थ क्या होगा?
विद्यालय का सम्पूर्ण कार्यक्रम जिसमें प्रतिदिन अनुभव प्राप्त करते हैं।
25. क्रियात्मक अनुसंधान का प्रमुख कार्य क्या है?
स्थानीय समस्याओं का समाधान करना।
26. किसी बच्चे का मैदान में खेलते हुये निरीक्षण करना किस प्रकार का निरीक्षण होता है?
अनौपचारिक।
27. नेतृत्व के अनिवार्य गुण कौन से होते है?
बैद्धिक कुशाग्रता, नैतिक जागरूकता।
28. नियोजन के क्या उद्देश्य होते हैं?
पूर्वानुमान लगाना, निर्धारित लक्ष्य की प्राप्ति करना।
29. भारत में शैक्षिक पर्यवेक्षण का आरम्भ कब हुआ?
1854 में वुड की संस्तुतियों के द्वारा।
30. अभिप्रेरणा के स्रोत बताइये।

- पुरस्कार व दण्ड,
- निंदा व प्रशंसा,
- सफलता व असफलता,
- रूचि, आदि।

31. मानव जीवन का आधार क्या है?
व्यवसाय।
32. जन्मजात प्रेरक के नाम बताइये।
भूख, प्यास।
33. पुरस्कार किस प्रकार का प्रेरक है?
लाभदायक व उत्साहपूर्ण ।
34. पुरस्कार कितने प्रकार का होता है?
सामाजिक पुरस्कार, भौतिक पुरस्कार।
35. सामाजिक पुरस्कार किसे कहते है?
ऐसा पुरस्कार जिसमें किसी प्रकार के भौतिक साधनों को माध्यम न बना कर छात्र का उत्साहवर्धन किया जाता है।

36. सामाजिक पुरस्कार के उदाहरण लिखो।

प्रशंसा, प्रमाण-पत्र, सम्मान।

37. भौतिक पुरस्कार किसे कहते है?

जिस पुरस्कार में छात्रों का उत्साहवर्धन करने के भौतिक वस्तुओं का प्रयोग किया जाता हो।

38. भौतिक पुरस्कार के उदाहरण लिखो।

ट्रॉफी, उपहार, सामग्री, उपयोगी वस्तुयें आदि।

39. पुरस्कार का नकारात्मक पक्ष बताइये।

छात्र के मन में प्रतिस्पर्धा का भाव न होकर द्वेष, ईर्ष्या, लालच का भाव उत्पन्न होने लगता है।

40. सर्वोत्तम पुरस्कार कौन सा होता है?

आदर, सम्मान, प्रशंसा।

41. पुरस्कार के क्या लाभ हैं?

प्रतिस्पर्धा, आत्म-सम्मान, अनुशासन, कार्य-क्षमता में वृद्धि, लक्ष्य–प्राप्ति।

42. पुरस्कार देने से सम्बंधित कुछ महत्वपूर्ण बिंदु बताइये।

- पुरस्कार एक प्रेरक है, जिससे छात्र को सुख व आनंद की अनुभूति होती है।
- पक्षपातपूर्ण व योग्यतारहित नहीं होना चाहिये।
- सीमित संख्या में देना चाहिये।

43. दण्ड क्या है?

दण्ड एक प्रकार का नकारात्मक प्रेरक व सुधारात्मक साधन है।

44. दण्ड का प्रयोग क्यों किया जाता है?

नकारात्मक गतिविधियों व अवांछित कार्यों को रोकने के लिये।

45. दण्ड किस प्रकार की मुद्रा में दिया जाना चाहिये?

गम्भीर मुद्रा में।

46. दण्ड का उद्देश्य क्या होता है?

प्रतिरोधात्मक, नकारात्मक कार्यों को रोकना, सुधारात्मक।

47. दण्ड देने से सम्बंधित कुछ महत्वपूर्ण बिंदु बताइये।

- दण्ड छात्र की प्रकृति के अनुरूप होना चाहिये।
- दण्ड समय के अनुकूल होना चाहिये।
- दण्ड अपराध के अनुसार होना चाहिये।
- पक्षपातपूर्ण नहीं होना चाहिये।

48. राष्ट्रीय अध्यापक शिक्षा परिषद में कुल कितने सदस्य होते हैं?

43 सदस्य।

49. अंग्रेजी भाषा डिप्लोमा कोर्स की प्रशिक्षण अवधि कितनी होती है?

4 माह।

50. किसके सहयोग व पहल से जनपदों में डायट की स्थापना हुई?

भारत सरकार।

51. बेसिक विद्यालयों के छात्रों के तीन संरक्षक किसके द्वारा नामित किये जाते हैं?

सहायक बेसिक शिक्षा अधिकारी।

52. मानव के द्वारा उत्पन्न की गई आपदाओं को क्या कहते हैं?

मानव निर्मित आपदायें।

53. किन्ही दो मानव निर्मित आपदाओं के नाम लिखो।

परमाणु विस्फोट, हाइड्रोजन विस्फोट।

54. शिक्षण अधिगम सामग्री का क्या कार्य है?

शिक्षण अधिगम को गति देना।

55. प्राणायाम से क्या लाभ होते हैं?

मन शांत व एकाग्र रहता है।

56. मनोविज्ञानशाला की स्थापना किस समिति की संस्तुतियों के आधार पर की गई?

आचार्य नरेंद्रदेव समिति ने।

57. एम.डी.एम. का पूर्ण रूप क्या है?

मिड डे मील।

58. भारतीय रेडक्रॉस सोसाइटी की स्थापना कब हुई थी?

1920 में।

59. बच्चों को ऐतिहासिक, सामाजिक व धार्मिक स्थलों का दर्शन किसके अंतर्गत आता है?

शैक्षिक भ्रमण।

60. समय-सारिणी विद्यालय व्यवस्था में किसका अभिन्न अंग है?

प्रबंधकीय व्यवस्था का।

61. समय – समय पर जिले के विद्यालयों का निरीक्षण करना व उनके विकास हेतु सुझाव प्रदान करना किसका कार्य होता है?

जिला बेसिक शिक्षा अधिकारी।

62. आत्मा को परमात्मा से जोड़ने की क्रिया को क्या कहते है?

योग।

63. जिले में नवीन विद्यालयों की स्थापना का प्रस्ताव सरकार को कौन भेजता है?

जिला बेसिक शिक्षा अधिकारी।

64. व्याख्यान कौशल क्या है?

शिक्षक द्वारा पूरे पाठ का ज्ञान।

65. किसको विद्यालय का लघु रूप कहा जाता है?

विद्यालय को।

66. 'खेल के द्वारा ही बालक सर्वप्रथम संसार में अपने मौलिक रूप को प्रस्तुत करता है।' किसका कथन है?

फ्रोबेल का।

67. भारतीय रेडक्रॉस सोसाइटी का चेयरमैन कौन होता है?

स्वास्थ्य मंत्री।

68. बालक की प्राथमिक पाठशाला किसे कहा जाता है?

परिवार।

69. एम.एल.एल का पूर्ण रूप लिखो।

मिनिमम लेवल ऑफ लर्निंग।

70. विद्यालय की दूसरी घड़ी के रूप में किसको जाना जाता है?

समय सारिणी को।

71. दृष्टांत कौशल के कितने प्रकार है?

दो प्रकार।

72. प्रश्न शिक्षण कौशल के कोई 2 प्रकार लिखो।

प्रस्तावना प्रश्न, विकासात्मक प्रश्न, समस्यात्मक प्रश्न, बोध प्रश्न आदि।

74. भारत में व्यावसायिक शिक्षा की शुरुआत कब हुयी?
1986 ई. में।
75. वह संस्था जो अध्यापक शिक्षा पद्धति के साथ – साथ स्कूलों में शिक्षा पद्धति में लाये गये बदलाव व विकास को लागू करती है?
NCERT ।
76. वर्धा शिक्षा योजना में किस बात पर विशेष बल दिया गया?
बुनियादी शिक्षा पर।
77. विश्वविद्यालय अनुदान आयोग की स्थापना कब हुयी?
1953 ई. में।
78. व्यावसायिक संगठनों ने अपनी संस्था में किन तत्वों को रखा है?
ईमानदारी,पारदर्शिता,जवाबदेहिता,विश्वसनीयता,वफादारी आदि।
79. पेशेवर शब्द का क्या तात्पर्य है?
जिसने किसी व्यावसायिक क्षेत्र में डिग्री प्राप्त की हो।
80. व्यावसायिक नैतिकता को कितने वर्गों में बॉटा गया है?
दो वर्गों में – 1. प्रामाणिक नैतिकता,
2. वर्णनात्मक नैतिकता।
81. शिक्षा में किस नैतिकता को महत्व दिया जा रहा है?
वर्णनात्मक नैतिकता।
82. वे विद्धान जो व्यावसायिक नैतिकता के उद्देश्यों से सहमत नहीं थे?
मिल्टन फ्रीडमैन।
83. एबट रिपोर्ट की सिफारिश किससे सम्बंधित थी?
B. Sc. पास छात्रों के लिये प्रौद्योगिकी संस्थान की स्थापना से।
84. चार्ल्स वुड ने अपनी रिपोर्ट किस शिक्षा पर दी थी?
व्यावसायिक शिक्षा पर।
85. व्यावसायिक नैतिकता कब आकर्षण का केंद्र बनी?
1980 से 1990 के मध्य।
86. व्यावसायिक शिक्षा व प्रशिक्षण का क्या कार्य है?
यह प्रशिक्षुओं को व्यावसायिक गतिविधियों के आधार पर गैर-शैक्षणिक व विशिष्ट व्यावसाय के लिये तैयार करता है।

87. जीवन कौशल किसे कहते हैं?

जीवन कौशल वह क्षमता है, जो व्यक्ति रोजमर्रा की जिंदगी की चुनौतियों व मांगों को पूरा करने में मदद करती है।

88. व्यक्ति द्वारा उचित निर्णय लेने की क्षमता व भावनाओं में संतुलन स्थापित करने की कला को क्या कहते है?

जीवन कौशल।

89. जीवन कौशल की प्रमुख विशेषतायें बताइये।

- विश्लेषणात्मक – सोच,
- आत्म – जागरूकता,
- समानुभूति,
- रचनात्मक सोच।

90. विश्लेषणात्मक – सोच की मुख्य विशेषतायें बताइये।

दैनिक जीवन में निर्णय लेने में मदद, सही व गलत का निर्णय लेने में मदद व समस्या समझने में मदद करती है।

91. समानुभूति का क्या अर्थ है?

दूसरे व्यक्ति की समस्याओं व परेशानियों को समझना।

92. आत्म – जागरूकता के मुख्य तत्व बताइये।

- स्वयं को जानना।
- तनाव व परेशानियों से बाहर आना।
- अच्छा संवाद स्थापित करना।
- सम्बन्धों को मजबूत बनाना।

93. जीवन कौशल व्यक्ति को जीवन की समस्याओं को सुलझाने में किस प्रकार से मदद करता है?

उचित प्रबंधन हेतु ज्ञान प्राप्त करके।

94. दैनिक जीवन में निर्णय लेने में मदद करना जीवन कौशल की कौन सी विशेषता है?

विश्लेषणात्मक सोच की।

95. जीवन कौशल की कौन सी विशेषता मानव के स्वयं के तनाव व परेशानियों को दूर करने के साथ – साथ दूसरों की समस्या को भी समझने में मदद करती है?

आत्म – जागरूकता।

96. रचनात्मक सोच व्यक्ति की किस प्रकार से मदद करती है?

यह व्यक्ति में नये व भिन्न तरीके से कार्य करने का मार्ग प्रशस्त करती है।

97. जीवन कौशल शिक्षा से सम्बंधित पाठ्यक्रम का संचालन भारत सरकार का कौन सा मन्त्रालय करता है?

अल्पसंख्यक कार्यों का मंत्रालय।

98. जीवन कौशल शिक्षा मन की किन भावनाओं को नियंत्रित करने में मदद करती है?

डर, गुस्सा, चिंता, घृणा, ईर्ष्या आदि।

99. भावनात्मक समझ का मूल अर्थ बताइये।

अन्य लोगों को समझना।

100. भावनात्मक समझ को किस प्रकार सीखा जाता है?

अभ्यास या प्रयास द्वारा।

101. भावनात्मक समझ से किस प्रकार के व्यवहार का विकास होता है?

सकारात्मक व्यवहार का।

102. निर्णय लेने के अंतर्गत कौन – कौन से तत्व शामिल है?

- समस्या के बारे में सोचना।
- उपलब्ध विकल्पों के द्वारा समाधान करना।

103. पारस्परिक सम्बंध क्या होता है?

विभिन्न लोगों व समूहों के बीच का सम्बंध।

104. एक अच्छे पारस्परिक सम्बंध वाले व्यक्ति का व्यवहार कैसा होता है?

मैत्रीपूर्ण।

105. तनाव का सामना करने के लिये कौन से शारीरिक उपाय करने होते है?

व्यायाम, सैर, संगीत, योग आदि।

106. तनाव कम करने के मानसिक उपाय बताइये।

सकारात्मक सोच, कम बोलना, तनाव मुक्त बातें करना ।

107. जीवन कौशल की आवश्यकता क्यों है?

यह व्यक्ति के पूर्ण विकास हेतु आवश्यक है।

108. बदलते परिदृश्य में रूढ़िवादी शिक्षा पद्धति का स्थान किसने ले लिया है?

तकनीकी शिक्षा पद्धति ने।

109. बच्चों पर तकनीकी शिक्षा पद्धति के सकारात्मक प्रभाव क्या है?

बच्चे ज्यादा कुशल व बुद्धिमान हो गये हैं।

110. बच्चों पर तकनीकी शिक्षा पद्धति के नकारात्मक प्रभाव क्या है?

तनावग्रस्तता व आत्महत्या की प्रवृत्ति।

111. डेल्फी विधि के माध्यम से किसकी पहचान होती है?

जीवन कौशल के महत्वपूर्ण अंगों की।

112. जीवन कौशल का वह कौशल जो हमारी भावनाओं, आवश्यकताओं, इच्छाओं व विचारों के सुस्पष्ट, व विश्वासपूर्ण में सहायक होती है?

आग्रहिता।

113. जीवन कौशल शिक्षा से सम्बंधित पाठ्यक्रमों व कार्यों का संचालन कौन सा संस्थान करता है?

राष्ट्रीय जन सहयोग व बाल विकास संस्थान।

114. भारत में प्राथमिक शिक्षा का जनक किसे कहा जाता है?

चार्ल्स ग्राण्ट को।

115. राष्ट्रीय प्रौढ़ शिक्षा कार्यक्रम कब शुरु हुआ?

1986।

116. राष्ट्रीय अध्यापक शिक्षा परिषद का कार्यारम्भ कब हुआ?

1995।

117. विश्वविद्यालय शिक्षा आयोग के अध्यक्ष कौन थे?

डॉ. एस. राधाकृष्णन।

118. राधाकृष्णन आयोग की नियुक्ति कब हुयी?

4 नवम्बर, 1948 में।

119. माध्यमिक शिक्षा आयोग के अध्यक्ष कौन थे?

डॉ. ए. लक्ष्मण स्वामी मुदालियर।

120. पी-मोस्ट(P-MOST) कार्यक्रम क्या है?

सेवारत अध्यापकों का विस्तृत अभिविन्यास कार्यक्रम (Programme of Mass Orientation for School Teachers) । इसका मुख्य उद्देश्य राष्ट्रीय शैक्षिक नीति, 1986 की मूल संस्तुतियों को अवगत कराना।

121. उ. प्र. सरकार का बेसिक शिक्षा निदेशालय कहाँ स्थित है?

लखनऊ में।

122. वर्धा योजना के जन्मदाता कौन हैं?

महात्मा गाँधी।

123. वर्धा योजना को सार्वभौमिक व निःशुल्क शिक्षा की स्वीकृति कब दी गयी?

1944 में।

124. अनिवार्य शिक्षा के लिये प्रायोगिक तौर पर सर्वप्रथम किसने प्रयास किया?

महाराजा सयाजीराव गायकवाड़।

125. सर्वप्रथम बड़ौदा नरेश ने किस सन् में अनिवार्य शिक्षा का शुभारम्भ किया?

1893 में।

126. हमारे देश में संविधान द्वारा शिक्षा देने की व्यवस्था कितनी भाषाओं में की जा सकती है?

18 भाषाओं में।

127. समवर्ती सूची में दिये गये विषयों पर नीति एवं कानून बनाने का अधिकार किस सरकार को है?

केंद्र व राज्य दोनों सरकार का।

128. इंदिरा गाँधी राष्ट्रीय मुक्त विश्वविद्यालय की स्थापना कब हुयी?

20 सितम्बर, 1985 में।

सामान्य ज्ञान (पर्यावरण)

1. ग्रीन हाउस प्रभाव में पृथ्वी का तापमान बढता है या घटता है?
बढ जाता है।
2. राष्ट्रीय वन नीति के अनुसार कितने भू-भाग पर वन होना आवश्यक है?
33% भू-भाग पर।
3. ग्रीन पीस क्या है?
पर्यावरण योजना।
4. पृथ्वी का वह हिस्सा जहाँ जीवन यापन होता है, उसे क्या कहते हैं?
जीवमंडल।
5. 'चिपको आंदोलन' का उद्देश्य क्या था?
वनों की सुरक्षा।
6. भारत सरकार द्वारा पर्यावरण विभाग की स्थापना कब की गई?
1980 में।
7. पर्यावरण के लिये क्या बहुत बड़ा खतरा है?
बढती हुई जनसंख्या।
8. संयुक्त राष्ट्र पर्यावरण कार्यक्रम का मुख्यालय कहाँ है?
नैरोबी (केन्या)।
9. पर्यावरण शब्द किस भाषा से लिया गया है?
फ्रेंच।
10. भारत में सबसे अधिक वन किस प्रदेश में हैं?
मध्य प्रदेश में।
11. सलीम अली किस क्षेत्र से सम्बंधित थे?
पर्यावरण से।
12. विश्व वन्य जीव कोष (वर्ल्ड वाइल्डलाइफ फण्ड) द्वारा प्रतीक चिन्ह के रूप में किस पशु को लिया गया है?
जाइंट पांडा को।

13. जीवित जीवाश्म किसे कहा जाता है?
साइकस को।
14. भूकम्प का मापन किस यंत्र से किया जाता है?
सीस्मोग्राफ।
15. विश्व की सबसे बड़ी झील का नाम बताओ।
कैस्पियन सागर।
16. पर्यावरण संरक्षण अधिनियम कब लागू हुआ?
1986 में।
17. विश्व मौसम विज्ञान संगठन का मुख्यालय कहाँ स्थित है?
जेनेवा।
18. इकोमार्क प्रमाण पत्र किसको दिया जाता है?
उन भारतीय उत्पादों को जो पर्यावरण के प्रति मैत्रीपूर्ण हो।
19. पारिस्थितिकी तंत्र में उच्चतम पोषण स्तर किसे प्राप्त होता है?
सर्वाहारी को।
20. चिपको आंदोलन किसने प्रारम्भ किया?
सुंदर लाल बहुगुणा।
21. बरमुडा ट्रियंगल कहाँ है?
उत्तरी अटलांटिक महासागर में।
22. राष्ट्रीय वन आयोग का गठन कब हुआ?
2003 में।
23. सागर माथा नेशनल पार्क कहाँ स्थित है?
नेपाल में।
24. राष्ट्रीय पर्यावरण अभियांत्रिक शोध संस्थान कहाँ स्थित है?
नागपुर (महाराष्ट्र)।
25. प्राकृतिक इतिहास का राष्ट्रीय संग्रहालय कहाँ स्थित है?
नई दिल्ली।
26. भारत में प्रोजेक्ट टाइअगर कब प्रारम्भ किया गया?
1973 में।
27. येलोस्टोन नेशनल पार्क कहाँ स्थित है?

अमेरिका में।

28. किस नदी को जैविक मरुस्थल कहते हैं?

दामोदर नदी को।

29. विश्व का विशालकाय पारिस्थितिकी तंत्र कौन सा है?

समुद्र।

30. पृथ्वी के मध्य सतह से होकर जाने वाली अक्षांश रेखा को क्या कहते हैं?

विषुवत रेखा।

31. अंतराष्ट्रीय समय कहाँ से निर्धारित किया गया है?

ग्रीनविच, यूनाइटेड किंगडम।

32. वायुमण्डल में विद्यमान अदृश्य जलवाष्प की मात्रा क्या कहलाती है?

आर्द्रता।

33. हिमालय क्षेत्र को क्या कहा जाता है?

पर्वतीय क्षेत्र।

34. भिलाई इस्पात संयन्त्र कहाँ स्थित है?

छत्तीसगढ के दुर्ग जिले में।

35. वायुमण्डल की सबसे निचली परत को क्या कहते हैं?

क्षोभमण्डल।

36. पृथ्वी के ऊपरी भाग को क्या कहते हैं?

भू-पर्पटी।

37. पर्वत मालाओं के बीच बने पठार को क्या कहते हैं?

अंतःपर्वतीय।

38. शंकुधारी वन भारत के किस भू-भाग में पाये जाते हैं?

उच्च हिमालयी भाग।

39. एलीफैंटा द्वीप कहाँ स्थित है?

मुम्बई के अतटीय भाग पर।

40. उष्णकटिबंधीय पर्णपाती वनों को किस नाम से जाना जाता है?

मानसूनी वन।

41. गांधार द्वीप कहाँ स्थित है?

खम्बात की खाड़ी में।

42. मार्श गैस किसे कहते हैं?
मीथेन गैस को।
43. ज्वरीय वनस्पति या ज्वार वन कहाँ पाये जाते हैं?
समुद्रतटीय भाग।
44. डोलड्रम या शांत पवन की पेटी, व्यापारिक पवनें, पछुआ पवन, ध्रुवीय पवनें किस प्रकार की पवनें हैं?
प्रचलित पवनें।
45. कृष्ण क्रांति किसे कहते हैं?
पेट्रोलियम उत्पाद से।
46. झूम कृषि किस प्रकार की कृषि है?
स्थानांतरित कृषि।
47. जनसंख्या का 'महान विभाजन का वर्ष' किस वर्ष को माना जाता है?
1921 को।
48. भारत के पश्चिम घाट के सह्याद्रि में, मेघालय क्षेत्र व अंडमान – निकोबार में किस प्रकार की वनस्पतियाँ पाई जाती है?
उष्णकटिबंधीय सदाबहार वन।
49. ऑपरेशन फ्लड किससे सम्बंधित है?
दुग्ध उत्पादन से।
50. पृथ्वी पर ऋतु परिवर्तन किसके कारण होता है?
पृथ्वी का अपनी कक्षा पर झुके होने के कारण।
51. लॉरेंज वक्र क्या है?
आय की असमानता।
52. क्षेत्रफल की दृष्टि से सबसे बड़ा देश कौन सा है?
रूस।
53. बैकॉल झील कहाँ स्थित है?
दक्षिणी साइबेरिया में।
54. प्रमुख वायु प्रदुषक का नाम बताओ?
कार्बन मोनोऑक्साइड।
55. पीत क्रांति का सम्बंध किस क्षेत्र से है?

तिलहन उत्पादन से।

56. भारत का सबसे बड़ा द्वीप समूह कौन सा है?

अंडमान – निकोबार।

57. किसानों का मित्र किसे कहा जाता है?

केंचुआ।

58. भारत का सबसे बड़ा ग्लैशियर कौन सा है?

सियाचिन ग्लैशियर।

59. बैरन द्वीप, नारकोंडम द्वीप व टाड द्वीप कहाँ अवस्थित हैं?

अंडमान – निकोबार में।

60. पृथ्वी पर समान दाब वाले स्थानों को मिलाने वाली रेखा का नाम बताओ।

समदाब रेखा।

61. किस जीव को किसानों का मित्र कहा जाता है?

केंचुआ।

62. पर्यावरण के जैविक कारक का नाम बताओ।

उत्पादक, उपभोक्ता, अपघटनकर्ता।

63. जीवाणु व कवक पर्यावरण में किस प्रकार सहायक हैं?

अपघटनकर्ता के रूप में।

64. ग्रीन फेबलेट को किसके लिये बनाया गया है?

छोटे किसानों के लिये।

65. बायोमास किससे प्राप्त किया जाता है?

मूँगफली के छिलके से, गन्ने की खोई से, चावल की भूसी से।

66. डोडो किस श्रेणी का पक्षी है?

विलुप्त श्रेणी का।

67. पृथ्वी दिवस कब मनाया जाता है?

22 अप्रैल को।

68. भविष्य का ईंधन किसे कहा जाता है?

हाइड्रोजन को।

69. हमारे देश में वन महोत्सव कब मनाया जाता है?

1 जुलाई को।

70. पृथ्वी का कुल कितना हिस्सा जल से ढका हुआ है?

71. ग्रीनहाउस प्रभाव के लिये सबसे हाँइकारक गैस कौन सी है?

कार्बन डाई ऑक्साइड।

72. भारत ने वायु की गुणवत्ता जाँचने के लिये कौन सा मोबाइल एप लाँच किया है?

सफर-एयर।

73. कौन से पेड़ को 'पर्यावरण का दुश्मन' कहा जाता है?

यूकेलिप्टस।

74. भारतीय प्राणी सर्वेक्षण की स्थापना कब हुई?

1916 में।

75. भारतीय प्राणी सर्वेक्षण का मुख्यालय कहाँ स्थित है?

कोलकाता में।

76. भारतीय वन्यजीव संस्थान कहाँ स्थित है?

देहरादून।

77. जीवाश्म ईंधन मुख्यतः किससे बने होते हैं?

कार्बन से।

78. ऊर्जा का नवीकरणीय स्रोत का नाम बताओ।

यूरेनियम।

79. जलता हुआ कोयला कौन सी गैस छोड़ता है?

कार्बन डाई ऑक्साइड व सल्फर।

80. विश्व जल संरक्षण दिवस कब मनाया जाता है?

81. भारत का जल पुरुष किसे कहा जाता है?

राजेंद्र सिंह को।

82. उ.प्र. का प्रथम बायोटेक पार्क कहा स्थापित किया गया?

लखनऊ में।

83. वायु प्रदूषण का सबसे अच्छा सूचक क्या है?

लाइकेन।

84. वैकल्पिक ऊर्जा का सबसे बड़ा स्रोत क्या है?

सौर ऊर्जा।

85. "मनुष्य एक सामाजिक प्राणी है।" ये कथन किसका है?

अरस्तु।

86. "सामाजिक जीवन की प्रथम पाठशाला" की संज्ञा किसे दी जाती है?

परिवार।

87. सामाजिक जीवन का आधार क्या है?

अनुशासन, सहयोग, सहिष्णुता।

88. "शारदा एक्ट" का सम्बंध किससे है?

बाल विवाह।

89. सरकारी व निजी कार्यालयों में धूम्रपान पर प्रतिबंध लगाया गया?

2 अक्टूबर, 2008।

90. परिवार-निर्माण हेतु आवश्यक है?

पति – पत्नी।

91. समाज का निर्माता किसे माना जाता है?

व्यक्ति।

92. समाज किस पर आश्रित है?

व्यक्ति पर।

93. पारिस्थितिकी शब्द का सबसे पहले प्रयोग किसने किया?

रेटर ने।

94. पृथ्वी की आकृति से सम्बंधित पारिस्थितिकी कारकों को कहते है?

मृदीय।

95. पारिस्थितिकी तंत्र की सर्वप्रथम विचारधारा दी?

ए.जी. टैंसले।

96. खाद्य श्रृंखला में मनुष्य है?

उपभोक्ता।

97. खाद्य श्रृंखला प्रारम्भ होती है?

उत्पादक से।

98. हरे पौधे प्रकृति में है?

उत्पादक।

99. जलीय वातावरण में सूक्ष्मजीवों को कहते है?
प्लवक।
100. वन पारिस्थितिकी में संख्या का पिरामिड होता है?
सीधा।
101. ऊर्जा का पिरामिड सदैव होगा?
सीधा।
102. मुख्यतः प्राथमिक या मूल उत्पादक है?
घास।
103. घास स्थलीय पारिस्थितिकी तंत्र में खाद्य श्रृंखला का सही क्रम है?
घास-टिड्डे-सर्प-मेंढ़क-बाज।
104. एक खाद्य श्रृंखला में सर्वाधिक संख्या में होते है?
प्राथमिक उपभोक्ता।
105. पारिस्थितिकी तंत्र में सौर ऊर्जा का संरक्षण करते है?
उत्पादक।
106. खाद्य श्रृंखला में भेड़िया खरगोश को खाता है तथा खरगोश घास खाता है, तो भेड़िया का पोषक स्तर है?
द्वितीयक उपभोक्ता।
107. पारिस्थितिकी तंत्र में निरंतर किसकी आवश्यकता होती है?
ऊर्जा की।
108. पारिस्थितिकी तंत्र के दो भाग है?
जीवीय व अजीवीय।
109. द्वितीयक उत्पादक मुख्यतः कौन कहते है?
जंतुओं को।
110. खाद्य कड़ी के प्रत्येक स्तर पर उपभोक्ता, संचित ऊर्जा का कितने प्रतिशत अपने शरीर भार रुपांतरण करता है?
10%।
111. जैविक संतुलन पाया जाता है?
उत्पादक व उपभोक्ता के बीच।
112. पादप प्लवक होते है?

स्वपोषी।

113. प्राकृतिक पारिस्थितिकी तंत्र में अपघटकों के अंतर्गत आते है?

जीवाणु व कवक।

114. कौन सी खाद्य श्रृंखला सही होती है?

उत्पादक-उपभोक्ता-अपघटक।

115. खाद्य श्रृंखला में नेपेंथीज (कीटभक्षी पौधा) का स्तर है?

उत्पादक व द्वितीयक उपभोक्ता।

116. एक से अधिक जातियों का समूह जो किसी स्थान पर रहता है, उसे कहते है?

जैव समुदाय।

117. अनुक्रमण क्रिया के आक्रमण में होता है :

अधिगमन, अस्थापन, एकत्रीकरण।

118. पारिस्थितिक पिरामिड का विचार सबसे पहले रखने वाले वैज्ञानिक है?

चार्ल्स एल्टन।

शिक्षण कौशल

1. स्पष्टीकरण विधि को अन्य किस नाम से जाना जाता है?
उद्घाटन विधि।
2. टैगोर के अनुसार गुरु – शिष्य संबंध कैसा होना चाहिये?
आत्मीयता।
3. किस आयोग की सिफारिश पर पहली राष्ट्रीय शिक्षा नीति घोषित की गई?
कोठारी आयोग।
4. विशिष्ट से सामान्य की ओर सूत्र को क्या कहते हैं?
दृष्टांत से सिद्धांत की ओर।
5. संप्रेषण के प्रमुख तीन घटक कौन कौन से है?
संप्रेषण, संदेश, ग्राही।
6. 'शिक्षण का मुख्य उद्देश्य विद्यार्थी को इस योग्य बनाना है कि वह सफल जीवन जी सके।' किसका कथन है?
रायवर्न का।
7. शिक्षण का वास्तविक उद्देश्य क्या है?
व्यक्तित्व का सर्वांगीण विकास।
8. प्राथमिक शिक्षा पर प्रथम आयोग के अध्यक्ष कौन थे?
विलियम हंटर।
9. शिक्षण में आवृत्ति कितने प्रकार की है?
तीन प्रकार की।
10. अधिगम का शाब्दिक अर्थ क्या है?
सीखना।
11. सूक्ष्म शिक्षण का अर्थ बताइये।
शिक्षण का लघुरूप।
12. किसी विषय वस्तु में से मुख्य बिंदुओं को लिखना क्या कहलाता है?
सुलेख लेखन।

13. पाठ्य प्रस्तावना में किस शिक्षण सूत्र का अनुसरण किया जाता है?
ज्ञात से अज्ञात शिक्षण सूत्र।
14. मानसिक व शारीरिक क्षेत्रों में बालक-बालिकाओं के समस्याओं का निराकरण किसके द्वारा होता है?
मापन व मूल्यांकन द्वारा।
15. 'समस्त शिक्षण का अर्थ सीखने में वृद्धि करना है।' किसने कहा?
जेम्स एम. थाइन।
16. राज्यस्तरीय रुचिपूर्ण शिक्षा प्रकोष्ठ की स्थापना कहाँ की गई?
लखनऊ में।
17. पुनर्बलन के दो प्रकार कौन – कौन से हैं?
धनात्मक व ॠणात्मक।
18. ज्ञान एवं व्यवहार की दूरी को समाप्त कर शिक्षा को जीवन से जोड़ना किस शिक्षा का लक्ष्य है?
रूचिपूर्ण शिक्षा का।
19. 'माइक्रोटीचिंग' पुस्तक के लेखक कौन हैं?
एलेन।
20. गोपाल कृष्ण गोखले ने गोखले विधेयक किस वर्ष प्रस्तुत किया?
21. जटिल विषय का ज्ञान, विषय का सरलीकरण, स्वाध्याय की भावना आदि किस विधि के लाभ हैं?
व्याख्या विधि के।
22. किसी वस्तु, स्थान, कार्य का ध्यानपूर्वक निरीक्षण करना किस प्रविधिसे सम्बंधित है?
निरीक्षण व अवलोकन विधि।
23. लोकतंत्रीय व्यवहार का मूल तथ्य क्या है?
समानता व सहभागिता।
24. 'शिक्षक के अच्छे चयन की योग्यता पर उसकी सफलता निर्भर करती है।' किसका कथन है?
रायबर्न का।
25. किस विधि में पहले उदाहरण देकर फिर निष्कर्ष पर पहुँचते है?

26. क्रियाशीलता के सिद्धांत का क्या अर्थ है?
करके सीखना।
27. शिक्षण कार्य करना किसका प्रमुख दायित्व है?
शिक्षक का।
28. कौन सा शिक्षण सूत्र काव्य शिक्षण में विशेष रूप से लागू होता है?
पूर्ण से अंश की ओर।
29. रुचिपूर्ण शिक्षण का विकास किसकी अभिरुचियों को ध्यान में रखकर किया गया?
बालक की।
30. शिक्षा विभाग द्वारा किस वर्ष रुचिपूर्ण शिक्षा कार्यक्रम शुरू किया गया?
1994
31. एक शिक्षक द्वारा एक से अधिक कक्षाओं को एक साथ पढाना किस शिक्षण का अर्थ है?
बहुकक्षा शिक्षण।
32. किस सूत्र का आधार गेस्टॉल्टवाद(अवयवीवाद) है?
पूर्ण से अंश की ओर।
33. प्रश्नोत्तर प्रविधि के कितने सोपान होते हैं?
3 सोपान।
34. प्रोजेक्ट, डाल्टन, बेसिक शिक्षा आदि पद्धतियां किस सिद्धांत पर आधारित हैं?
क्रियाशीलता के सिद्धांत पर।
35. कौन सी विधि आगम पर ज्यादा जोर देती है?
समूह चर्चा विधि।
36. प्रयोगात्मक विधि का आधार क्या है?
वैज्ञानिकता व तार्किकता।
37. अधिगम अनुभव के कितने प्रकार होते हैं?
तीन।
38. शिक्षण में
39. उपचारात्मक शब्द किस शास्त्र से लिया गया है?
चिकित्साशास्त्र से।

40. कौन सा सूत्र काव्य शिक्षण में विशेष रूप से लागू होता है?
पूर्ण से अंश की ओर।
41. क्रियात्मक अधिगम अनुभव किसके विकास में सहायक होते हैं?
शारीरिक व मांस-पेशीय विकास में।
42. स्वतंत्र भारत की पहली शिक्षा नीति कब घोषित की गई?
43. शिक्षक शिक्षण कार्य की शुरुआत किस विधि से करते हैं?
प्रश्न विधि से।
44. सामान्य अर्थ में शिक्षक व छात्र की सहभागिता किस शिक्षण का अर्थ हैं?
सहभागी शिक्षण का।
45. 'शिक्षण का मुख्य उद्देश्य विद्यार्थी को इस योग्य बनाना है कि वह सफल जीवन जी सके।' किसका कथन है?
रायबर्न ने।
46. मानसिक व शारीरिक क्षेत्रों में बालक-बालिकायों के समस्याओं का निराकरण किसके द्वारा होता है?
मापन व मूल्यांकन द्वारा।
47. अल्पसंख्यकों को अपने शैक्षिक संस्थान स्थापित करने की अजादी किस अनुच्छेद में प्रदान की गई?
अनुच्छेद – 30 में।
48. किस आयोग की अनुशंसा पर पहली राष्ट्रीय शिक्षा नीति घोषित की गई?
कोठारी आयोग।
49. पाठ प्रस्तावना कौशल के बाद शिक्षण का अगला चरण कौन सा होता है?
उद्देश्य कथन।
50. 'बालक करके सीखते हैं और क्रिया द्वारा सीखना स्थाई सीखना है।' किसका कथन हैं?
फ्रोबेल का।
51. प्रश्न करने की प्रक्रिया, प्रश्नों की बनावट, प्रश्नों की पुनरावृत्ति आदि किस शिक्षण कौशल के अंतर्गत आते हैं?
प्रश्न कौशल।
52. संदेशों व विचारों के आदान – प्रदान को क्या कहते हैं?

संप्रेषण।

53. छात्र की क्रिया के दो प्रकार कौन - कौन से हैं?

शारीरिक व मानसिक।

54. पाठ शिक्षण में पूछे गये प्रश्नों का समाधान करने में सहायक कौशल कौन सा है?

व्याख्यान कौशल।

55. पुर्नबलन का शाब्दिक अर्थ क्या है?

पुनः बल देना।

56. छात्रों की कमियों, दुर्बलताओं, अशुद्धियों को दूर करने के लिये किस शिक्षण विधि का प्रयोग किया जाता है?

उपचारात्मक शिक्षण।

57. जिसके द्वारा व्यक्ति की विभिन्न योग्यताओं का मापन, उसके व्यक्तित्व व रुचियों का अध्ययन किया जाता है, वह क्या कहलाता है?

मूल्यांकन।

58. मूल्यांकन के कितने सोपान हैं?

तीन सोपान।

59. मूल्यांकन किसे कहते हैं?

वह प्रक्रिया जिसके द्वारा शिक्षक व छात्र यह निर्णय करते हैं कि शिक्षण लक्ष्यों को प्राप्त किया जा रहा है या नहीं।

60. मूल्यांकन की प्रशासनिक आवश्यकता किस कारण होती है?

शैक्षिक स्तर की जाँच करने के लिये।

61. शैक्षिक मूल्यांकन की प्रक्रिया किस प्रकार की है?

डॉ.पटेल के अनुसार – "शैक्षिक मूल्यांकन की प्रक्रिया चतुर्मुखी है"।

62. शैक्षिक मापन के कितने स्तर है?

चार स्तर : शाब्दिक, क्रमित, अंतराल, अनुपात।

63. मूल्यांकन के क्षेत्र में छात्र के व्यक्तित्व के कौन – कौन से अंग आते है?

ज्ञान, कुशलतायें, रुचियाँ, योग्यता, बुद्धि।

64. मूल्यांकन का शाब्दिक अर्थ बताइये।

मूल्यांकन = मूल्य + अंकन।

65. मूल्यांकन का क्रियात्मक पक्ष क्या है?
स्वाभावीकरण करना।
66. शैक्षिक मापन क्या होता है?
मापन मूल्यांकन का वह भाग है, जो बालक की शैक्षिक योग्यता को प्रतिशत, मात्रा, अंकों में प्रदर्शित करता है।
67. परीक्षण से आप क्या समझते हैं?
किसी व्यक्ति के व्यवहार का अध्ययन करने की प्रक्रिया।
68. एक अच्छे परीक्षण का मुख्य गुण क्या होता है?
अच्छा परीक्षण सप्रयोजन, उद्देश्यपूर्ण होता है।
69. परीक्षण का क्षेत्र कैसा होता है?
संकुचित।
70. सतत् मूल्यांकन क्या है?
छात्र के शैक्षिक कौशलों की जाँच प्रतिमाह या तिथिवार करना।
71. सतत् मूल्यांकन कैसी प्रक्रिया है?
निरंतर चलने वाली प्रक्रिया।
72. निरंतर मूल्यांकन योजना किसे कहते हैं?
सतत् मूल्यांकन को।
73. सतत् मूल्यांकन की विधियों का नाम बताओ?
मासिक परीक्षा, सेमेस्टर परीक्षा, सत्र परीक्षा।
74. बोध क्या है?
किसी वस्तु के भाव को ग्रहण करने की योग्यता है।
75. वस्तुनिष्ठ परीक्षण की कोई एक विशेषता बताइये।
इसमें ऐसे प्रश्न होते हैं, जिनके उत्तर्निश्चित व संक्षिप्त होते हैं।
76. वस्तुनिष्ठ परीक्षण की कोई एक दोष बताइये।
इसमें नकल की सम्भावना बढ़ जाती है।
77. उत्तम परीक्षण की विशेषता बताइये।
वैधता, विश्वसनीयता।
78. समस्या समाधान का पूर्ण अनुमान करना क्या कहलाता है?
परिकल्पना।

79. प्रश्न कितने प्रकार के होते हैं?

चार प्रकार के : वस्तुनिष्ठ प्रश्न, अति लघु प्रश्न, लघु प्रश्न, दीर्घ प्रश्न।

80. जब परीक्षण करने से बार – बार एक जैसा ही परिणाम आये, तो इसे क्या कहते हैं?

विश्वसनीयता।

81. औसत बुद्धि स्तर के छात्र की बुद्धि-लब्धि कितनी होती है?

90 से 110।

82. समावेशी शिक्षा का अर्थ बताइये?

ऐसी शिक्षा जिसमें छात्रों को सार्थक शिक्षा अनुकूलन पर्यावरण में उपलब्ध करायी जाये जिससे वह अपने जीवन को सफल बना सके।

83. समावेशी बालक किस प्रकार के होते हैं?

शारीरिक अक्षमता वाले बालक जो सामान्य शिक्षा कार्यक्रम के लिये उपयुक्त नहीं है।

84. वर्तमान में निःशक्त बच्चों की शिक्षा को क्या कहा जाता है?

समावेशी शिक्षा।

85. पिछड़ेपन के कितने प्रकार होते हैं?

दो प्रकार : वैयक्तिक, सामूहिक।

86. पिछड़े बालक की एक विशेषता बताइये।

सीखने की धीमी गति होना।

87. दृष्टिबाधित बालकों की कितनी श्रेणियाँ हैं?

दो श्रेणियाँ : आंशिक , पूर्ण।

88. दृष्टिबाधित बालकों को कैसे पढाया जाता है?

ब्रेल लिपि द्वारा।

89. ब्रेल लिपि क्या होती है?

ब्रेल लिपि उभरे हुये छह बिंदुओं की ऐसी लिपि होती है जिससे स्पर्श द्वारा पढा जाता है।

90. गम्भीर दृष्टिबाधित बालकों की दृष्टि क्षमता कितनी होती है?

2/20 दृष्टि क्षमता।

91. हकलाने की क्या कारण होते हैं?

दो कारण : वंशानुक्रम, वातावरण।

92. सामान्य श्रवणबाधित बालकों का सुनने का ध्वनि स्तर कितना होता है?

31 से 51 डेसीबल।

93. गम्भीर श्रवणबाधित बालकों का श्रवणबाधिता स्तर कितना होता है?

70 से 89 डेसीबल।

94. श्रवणबाधितों के वर्गीकरण का आधार क्या होता है?

डेसीबल अंक।

95. पूर्ण श्रवणबाधित बालकों का बाधिता स्तर कितना होता है?

90 डी.बी.।

96. मंद बुद्धि बालकों की बुद्धि लब्धि कितनी होती है?

70 से कम।

97. बुद्धि लब्धि ज्ञात करने का सूत्र बताइये।

बुद्धि लब्धि

= (मानसिक आयु/वास्तविक आयु) * 100

98. उ.प्र. में मनोविज्ञानशाला कहाँ स्थित है?

इलाहाबाद में।

99. मनोविज्ञानशाला की स्थापना कब हुयी थी?

1947 में।

100. मनोविज्ञानशाला की स्थापना किसने की थी?

आचार्य नरेंद्र देव समिति ने।

101. मनोविज्ञानशाला का प्रमुख कार्य बताइये।

बाल व शैक्षिक निर्देशन करना।

102. उ.प्र. में कितने मण्डलीय मनोविज्ञान केंद्र स्थापित हैं?

10 केंद्र।

103. पहला बुद्धि परीक्षण कब और किसने किया?

एल्फ्रेड बिने ने 1905 में।

104. अन्वेषण विधि की खोज किसने की?

प्रो. एच. ई. आर्मस्ट्रॉग ने।

105. प्रथम मनोवैज्ञानिक प्रयोगशाला की स्थापना किसने की थी?
वुण्ट ने।

106. डिसलेक्सिया किससे सम्बंधित है?
पढने की समस्या से सम्बंधित।

107. राष्ट्रीय एकता का प्रमुख आधार क्या है?
शिक्षा।

108. शिक्षण के क्रियात्मक उद्देश्यों को पूरा करने के लिये पाठ्यक्रम में किस पर जोर दिया जाता है?
क्रिया एवं प्रयोग पर।

109. पाठ्यक्रम कैसा होना चाहिये?
छात्र-केंद्रित।

110. पाठ्यक्रम विकास को प्रभावित करने वाले घटक है?
समाज, परिवेश, परीक्षा प्रणाली, अध्ययन समिति।

111. प्राथमिक कक्षा के शिक्षक के लिये किस विषय का ज्ञान होना सर्वाधिक आवश्यक होता है?
बाल मनोविज्ञान।

112. बाल मनोविज्ञान के अंतर्गत किसका अध्ययन किया जाता है?
बालक के जन्म के पूर्व गर्भावस्था से लेकर किशोरावस्था तक।

113. "शिक्षा ही राष्ट्रीय एकता का आधार है।" किसका कथन है?
जवाहर लाल नेहरू।

114. बालक के व्यवहार में परिवर्तन के लिये व्यवहार अध्ययन की किस विधि का सहारा लिया जाता है?
उपचारात्मक विधि।

115. बालक की सामाजिकता का परीक्षण किस विधि द्वारा किया जाता है?
समाजमिति विधि।

116. मनोविज्ञान की प्रथम प्रयोगशाला कहाँ स्थापित हुई थी?
1879 ई. में जर्मनी में।

117. मनोविज्ञान के आरम्भ को क्या कहा जाता है?
आत्मा का विज्ञान।

118. "बुद्धि के इकाई सिद्धांत" के प्रतिपादक कौन हैं?
स्टर्न व जॉनसन।

119. "शिक्षा से मेरा अभिप्राय बालक व मनुष्य के शरीर, मस्तिष्क व आत्मा के सर्वोत्तम अंश की अभिव्यक्ति है।" किसका कथन है?
महात्मा गाँधी का।

120. प्रबलन सिद्धांत के प्रतिपादक थे?
स्किनर।

121. मनोविज्ञान के किस सम्प्रदाय की स्थापना विश्वविद्यालय में ना होकर नैदानिक परिसर में हुई है?
मनोविश्लेषणवाद।

122. मनोविश्लेषण सम्प्रदाय की स्थापना किसने की?
सिगमण्ड फ्रायड।

123. वर्तमान में मनोविज्ञान क्या है?
व्यवहार का विज्ञान।

124. "मनोविज्ञान व्यवहार व अनुभव का विज्ञान है।" किसका कथन है?
स्किनर का।

125. वह खेल पद्धति जिसमें किसी तरह के प्रतिबंध नही लगाये जाते हैं?
डाल्टन पद्धति।

126. 'खेल - खेल' में ज्ञान प्रदान करने की पद्धति कौन सी है?
मॉण्टेसरी पद्धति।

127. वंशानुगत रोग के नाम बताओ।
वर्णांधता, हीमोफीलिया।

128. वंश परम्परा के प्रमुख वाहक कौन होते हैं?
जीन।

129. "बीसवीं शताब्दी को बालक की शताब्दी कहा जाता है।" किसका कथन है?
एडलर का।

130. कृत्रिम जीन का निर्माण करने वाले भारतीय वैज्ञानिक का क्या नाम है?
डॉ. हरगोविंद खुराना।

131. स्किनर के अनुसार शिक्षा मनोविज्ञान का आरम्भ किससे हुआ है?

अरस्तु से।

131. वह शिक्षा जिसमें किसी निश्चित पाठ्यक्रम, विद्यालय व वातावरण की आवश्यकता नहीं होती है?

प्रकृतिवाद।

132. प्रयोजनवाद के जन्मदाता कौन थे?

जॉन डीवी।

133. रवींद्रनाथ टैगोर ने गीतांजली की रचना कब की?

1913 ई. में।

134. शिक्षण सूत्र क्या हैं?

वह सूत्र जिसके द्वारा शिक्षक छात्रों को प्रभावी ढंग से स्थाई ज्ञान प्रदान करता है।

135. शिक्षण प्रविधियाँ क्या हैं?

शिक्षण प्रविधियॉ शैक्षणिक क्रियाओं के संचालन का एक विशिष्ट ढंग है।

136. किन्ही 2 शिक्षण प्रविधियों का नाम लिखो।

- प्रश्नोत्तर प्रविधि।
- व्याख्यान प्रविधि।
- विवरण प्रविधि।
- गतिविधि प्रविधि।

137. किन्ही 2 शिक्षण सूत्रों का नाम लिखो।

- पूर्ण से अंश की ओर।
- ज्ञात से अज्ञात की ओर।
- स्थूल से सूक्ष्म की ओर।
- सरल से जटिल की ओर।

138. ज्ञात से अज्ञात की ओर शिक्षण सूत्र को समझाइये।

बालक जो जानता है, उसको आधार बनाकर उन बातों को बताया जाना, जिनको वह नहीं जानता है , ज्ञात से अज्ञात की ओर शिक्षण सूत्र कहते हैं।

139. शिक्षण के किस सूत्र मे पहले जानकारी अल्प रूप में दी जाती है, फिर उसके एक – एक अंश की जानकारी दी जाती है?

पूर्ण से अंश की ओर।

140. "इस उद्यान में बालक पौधे, पाठशाला बागीचा व शिक्षक माली होता है।" यह कथन किसका है?

फ्रॉबेल।

141. किण्डर गार्टन पद्धति का जन्मदाता किसे कहा जाता है ?

फ्रॉबेल को।

142. उपचारात्मक शिक्षण किस प्रकार के बच्चों के लिये उपयोगी होता है?

शैक्षिक रूप से पिछड़े बालकों के लिये।

143. पुनर्बलन का अर्थ बताइये?

पुनर्बलन का अर्थ होता है : पुनः बल देना।

पुनर्बलन के द्वारा बालकों को अच्छा करने के लिये प्रोत्साहित किया जाता है। पुनर्बलन शिक्षण अधिगम प्रक्रिया को प्रभावशाली बनाता है।

144. सम्प्रेषण में बाधायें क्या – क्या होती हैं?

- शिक्षक का उच्चारण स्पष्ट न होना,
- बच्चों का रुचि न लेना।

145. शिक्षण पद्धति के अंतर्गत "डाल्टन योजना" का प्रतिपादन किसने किया?

हेलन पार्खर्स्ट।

146. डाल्टन योजना को समझाइये।

इस पद्धति में बालक को उनकी कार्य क्षमताओंके अनुसार बॉट दिया जाता है। बालक पर परीक्षा व समय-सारिणी का कोई बंधन नहीं होता है।

147. डाल्टन योजना की प्रमुख विशेषतायें बताइये।

- इस पद्धति के अनुसार बालकों ,परिक्षाओं से मुक्त रखा जाता है।
- इसा योजना के अनुसार बालक अपनी बौद्धिक क्षमता, रुचि के अनुसार कार्य कर सकते हैं।

148. बाल केंद्रित शिक्षण से आप क्या समझते है?

बाल केंद्रित शिक्षण वह शिक्षण है जिसमें बालक को केंद्र मानकर शिक्षण कार्य किया जाता है। बाल केंद्रित शिक्षण बालक प्रधान होता है।

149. बाल केंद्रित शिक्षण का उद्देश्य बताइये।

- बालकों को स्वंय करके सीखने पर बल देना।

- बालक को दण्ड ना देना।
- रटाने के स्थान पर सिखाने पर जोर देना।

150. बाल केंद्रित शिक्षा का महत्व बताइये।

- बाल केंद्रित शिक्षा से बालक का नैतिक व सामाजिक विकास होता है।
- बाल केंद्रित शिक्षा में बालकों को उनकी रुचि के अनुसार शिक्षा देना।
- ज्ञान सरल होता है, जिसमें बच्चे आसानी से सीख ले।

151. बहुकक्षा शिक्षण क्या होता है?

जब शिक्षण कार्य बड़े कक्षाओं के बालकों को एक साथ बैठाकर किया जाता है, बहुकक्षा शिक्षण कहते हैं।

152. बहुस्तरीय शिक्षण को समझाइये।

जब विभिन्न उपलब्धि वाली बालकों को एक साथ बैठाकर,शिक्षण कार्य किया जाता है, बहुस्तरीय शिक्षण कहते है।

153. . एल. एम. का पूरा नाम लिखो।

टी. एल. एम. – टीचिंग लर्निंग मैटेरियल।

154. टी. एल. एम. के लिये कितनी धनराशि देय होती है?

500 रु.।

155. ऑपरेशन ब्लैक बोर्ड योजना बताइये?

1987-88 में लागू की गयी, इसका उद्देश्य प्राथमिक विद्यालयों मे पाठ्य-सामग्री व शिक्षण उपकरण जैसी सुविधाओं की व्यवस्था करना।

156. SOPT कार्यक्रम को समझाइये।

इसका पूरा नाम 'प्राथमिक अध्यापकों का विशेष अनुस्थापन करना'।

157. बेसिक शिक्षा परियोजना कब से प्रभावी है?

5 अक्टूबर, 1993 से।

158. बेसिक शिक्षा परियोजना के कुल कितने अंग है?

संस्थागत क्षमता में वृद्धि, गुणवत्ता में सुधार, बेसिक शिक्षा तक पहुँच सुनिश्चित करना।

159. डी. पी. ई. पी. क्या है?

जिला प्राथमिक शिक्षा कार्यक्रम। 1994 से।

160. स्कूल रेडीनेस कार्यक्रम क्या है?

विद्यालय शिक्षा की तैयारी। इसे 'विद्यालयोन्मुखी कार्यक्रम' भी कहते है। ऐसा कार्यक्रम जिसके द्वारा बच्चे विद्यालय के प्रति आकर्षित रहे।

161. सर्व शिक्षा अभियान प्रदेश में कब से संचालित किया जा रहा?

2002 से।

162. स्कूल चलो अभियान समझाइये।

यह 1 जुलाई से 31 जुलाई त्क चलाया जाता है। इसे जनपद, ब्लॉक, ग्राम स्तर पर चलाया जाता है।

163. कस्तूरबा गॉधी बालिका विद्यालय के बारे में बताइये।

यह योजना 2004-05 में प्रारम्भ की गयी। इसका उद्देश्य बालक-बालिकाओं के प्रति समदृष्टि विकसित करना व बालिकाओं को गुणवत्तायुक्त शिक्षा देना है।

164. मध्यान्ह भोजन योजना केंद्र द्वारा कब लागू की गयी?

15 अगस्त, 1995 से।

165. बाल अधिकार कब और किसके द्वारा निर्धारित किया गया?

संयुक्त राष्ट्र संघ द्वारा 10 दिस. 1950 को।

166. शिक्षा अधिकार अधिनियम की विशेषतायें लिखो।

6 से 14 वर्ष के बालकों के लिये विद्यालय, बालकों के शारीरिक व मानसिक प्रताड़ना न दी जाये।

167. शिक्षा में छनाई या निस्यंदन सिद्धांत क्या है?

कुछ लोगों को शिक्षा देना ताकि वे अन्य जन-साधारण को शिक्षित कर सकें।

168. 6 से 14 वर्ष के बच्चों को निःशुल्क व अनिवार्य शिक्षा का प्रावधान किस अनुच्छेद में है?

Article 21(A)।

169. किसी बच्चे का एक ही कक्षा में एक वर्ष से अधिक रोका जाना क्या कहलाता है?

अवरोधन।

170. शिक्षा को समवर्ती सूची में कब शामिल किया गया?

1976 में।

171. कलकत्ता मदरसा की स्थापना कब और किसने की?

1781 में हेस्टिंग्स द्वारा।

172. बनारस संस्कृत विद्यालय की स्थापना कब और किसने की?
1791 में डंकन जोनायल द्वारा।
173. फोर्टविलियम कॉलेज की स्थापना कब हुई?
1800 में कलकत्ता में लॉर्ड वेलेजली द्वारा।
174. निस्यंदन या छनीकरण का सिद्धांत किसने दिया था?
मैकाले ने।
175. मैकाले का विवरण पत्र कब आया?
2 फरवरी 1835 में।
176. किसे भारतीय शिक्षा का अग्रदूत माना जाता है?
मैकाले को।
177. वुड का घोषणा पत्र कब आया?
19 जुलाई 1854 में।
178. भारतीय शिक्षा का मैग्नाकार्टा या महाधिकार पत्र किसे माना जाता है?
वुड का घोषणा पत्र।
179. भारतीय विश्वविद्यालय आयोग का गठन कब हुआ?
1902 में लार्ड कर्जन द्वारा।
180. गोखले विधेयक कब प्रस्तुत हुआ?
16 मार्च 1911।

181. विश्वविद्यालय शिक्षा आयोग कब गठित हुआ?
4 नव. 1948 में।
182. विश्वविद्यालय शिक्षा आयोग के अध्यक्ष कौन थे?
डॉ राधाकृष्णन।
183. माध्यमिक शिक्षा आयोग कब गठित हुआ?
1952 में।
184. माध्यमिक शिक्षा आयोग के अध्यक्ष कौन थे?
डॉ. लक्ष्मण स्वामी मुदालियर।
185. कोठारी आयोग कब गठित हुआ?
2 अक्टू. 1964 में नई दिल्ली में।

186. कोठारी आयोग के अध्यक्ष कौन थे?

प्रो. डी. एस. मुदालियर।

187. राष्ट्रीय शिक्षा नीति 1986 की प्रमुख उपलब्धि बताइये।

नवोदय विद्यालय, ऑपरेशन ब्लैक बोर्ड प्रारम्भ।

188. ऑपरेशन ब्लैक बोर्ड कब लागू हुआ?

1987 में।

189. ऑपरेशन ब्लैक बोर्ड की प्रमुख सामग्री बताइये।

न्यूनतम आवश्यक सुविधायें : विज्ञान किट, कुर्सी, ब्लैक बोर्ड, कक्षा शिक्षण सामग्री।

190. इंदिरा गाँधी राष्ट्रीय मुक्त विश्वविद्यालय की स्थापना कब हुई?

20 सित. 1985 में।

191. मध्यान्ह भोजन योजना कब प्रारम्भ हुयी?

15 अगस्त 1995।

192. स्कूल चलो अभियान किसका प्रमुख अंग है?

सर्व शिक्षा अभियान का।

193. यू.पी. बेसिक शिक्षा परिषद का गठन कब हुआ?

1972 में।

194. यू.पी. में स्कूल चलो अभियान कब लागू हुआ?

2004 में।

195. बाल अधिकार संरक्षण नियम कब पारित हुआ?

2005 में।

196. DPEP क्या है?

District Primary Education Program(जिला प्राथमिक शिक्षा कार्यक्रम)

197. DPEP कब लागू हुआ?

1994 में।

198. SOPT क्या है?

Special Orientation of Primary Teachers(प्रतिवर्ष 4.5 प्राथमिक शिक्षकों को प्रशिक्षित कराने का कार्य)।

199. NCERT की स्थापना कब हुई?

1961 में।

200. शिक्षण विधि में प्रयुक्त कहानी या कथा प्रणाली को समझाइये।

कहानी प्रणाली में बच्चों को विषय सामग्री सरल व रुचिकर लगती है। कहानी प्रणाली से बच्चों में कल्पना शक्ति का विकास होता है।

201. कहानी प्रणाली का महत्व बताइये।

- बच्चों को लिखने व पढ़ने की प्रेरणा मिलती है।
- बच्चों में ध्यान केंद्रित करने की आदत का विकास होता है।

संस्कृत

1. दो व्यंजनों के संयोग से बने वर्ण को कौन सा व्यंजन कहते हैं?

संयुक्त व्यंजन।

2. लघुतरः में कौन सा प्रत्यय है?

तरप् प्रत्यय।

3. हितोपदेशः में कौन सी संधि है?

गुण संधि।

4. राजपुत्रः में कौन सा समास है?

तत्पुरुष समास।

5. अहिंसा परमो धर्मः वाक्य कहाँ से लिया गया है?

महाभारत।

6. विसर्ग के स्थान पर श्, ष्, स् के प्रयोग को क्या कहते हैं?

उपचार।

7. 'भोक्तुम्' में प्रयुक्त प्रत्यय है?

तुमुन्।

8. 'अति लोभो न करणीयः' का अर्थ बताइये।

अत्यधिक लोभ नहीं करना चाहिये।

9. 'अदस्' शब्द की सप्तमी विभक्ति का एकवचन बताइये।

अमुष्मिन।

10. कादम्बरी किसकी रचना है?

वाणभट्ट।

11. वयं गुरुं पूजितवंतः में कौन सा वाच्य है?

कर्मवाच्य।

12. उ. प्र. सरकार द्वारा संचालित संस्कृत शिक्षण के कितने स्तर हैं?

मुख्यतः 4 स्तर।

13. जिन वर्णों के उच्चारण में एक प्रकार की गूँज होती है, उनका प्रयत्न घोष होता है, किस प्रकार के वर्ण होते हैं?

घोष वर्ण।

14. 'पितृ' की सप्तमी विभक्ति एकवचन के रूप बताइये।

पितरि।

15. देवर्षिः में कौन सी संधि हैं?

गुण संधि।

16. शरीर के अंगों का संस्कृत शब्दार्थ :

मुखम् - मुँह

उरूः - जंघा

कण्ठः - गला

जानुः - घुटना

कपोलः - गाल

पृष्ठम् - पीठ

श्रृंगम् - सींग

17. मया ग्रन्था पठितः में कौन सा वाच्य है?

कर्मवाच्य।

18. 'महापुरुषः पापात् जुगुप्सते' में कौन सी विभक्ति है?

पंचमी।

19. ऊनत्रिंशत् को हिंदी में लिखो।

29

20. करणीयम् में कौन सा प्रत्यय है?

तव्यत् प्रत्यय।

21. अष्टाध्यायी किसकी कृति है?

पाणिनी।

22. रमा शब्द का तृतीया विभक्ति बहुवचन का रूप लिखो।

रमाभिः।

23. 'दुर्लभः' का विलोम बताइये।

सुलभः।

24. 'अस्माभिः' किस विभक्ति का बहुवचन है?
तृतीया।
25. 'बालकानाम्' की विभक्ति वचन बताइये।
षष्ठी विभक्ति, बहुवचन।
26. 'धनेन सम्मानं भवति' में कौन सा कारक है?
करण कारक।
27. नमस्ते का संधि विच्छेद कीजिये।
नमः + ते।
28. संस्कृत भाषा में प्रयुक्त सर्वनाम कितने हैं?
35।
29. 'भ्वादि' शब्द में कौन सी संधि है?
यण संधि।
30. 'शिक्षकः बालकान् ताडयति' में कौन सा कारक है?
कर्म कारक।
31. 'मालविकाग्निमित्रम्' के रचनाकार का नाम बताओ।
कालिदास।
32. विद्यार्थी में कौन सा समास है?
तत्पुरुष।
33. 'भाषा' शब्द संस्कृत के किस शब्द(धातु) से सम्बंधित है?
भाष धातु।
34. 'भिक्षुकः धनिकं भिक्षां भिक्षते' का हिंदी अनुवाद कीजिये।
भिखारी सेठ से भीख माँग रहा है।
35. 'सदैव' का संधि विच्छेद बताइये।
सदा + एव।
36. 'उक्त' कर्म में कौन सी विभक्ति है?
प्रथमा विभक्ति।
37. 'उन्नायक' का संधि विच्छेद कीजिये।
उत् + नायक।

38. संस्कृत भाषा में कुल कितने वर्ण है?
49।
39. संस्कृत भाषा में व्यंजन कितने हैं?
33 व्यंजन।
40. 75 को संस्कृत में क्या कहते हैं?
पचंसप्ततिः।
41. 'कृ' धातु में 'ण्यत्' प्रत्यय जोड़ने पर कौन सा शब्द बनेगा?
कार्यम्।
42. किस वर्ण का दीर्घ वर्ण नहीं होता है?
लृ।
43. चंद्रमुखी में कौन सा समास है?
कर्मधारय।
44. 'अच्' प्रत्याहार में कितने वर्ण हैं?
9।
45. 'जल+ऊर्मि' संधि विच्छेद का शब्द बताइये।
जलोर्मि।
46. संस्कृत में कितने लिंग होते हैं?
तीन प्रकार :
1) पुल्लिंग, 2) स्त्रीलिंग, 3) नपुंसकलिंग
47. पुल्लिंग शब्द का उदाहरण बताओ।
मेघः, सिंधुः, दानवः, कालः, राजन्, समयः।
48. स्त्रील्लिंग शब्द का उदाहरण बताओ।
वीणा, नदी, श्रीः, घीः, भू।
49. माहेश्वर सूत्र कितने हैं?
चौदह।
50. 'महेशः' में कौन सी संधि है?
गुण संधि।
51. 'पित्रे' किस विभक्ति, वचन का रूप है?
चतुर्थी विभक्ति, एकवचन।

52. संस्कृत में कुल कितने कारक हैं?

6 कारक।

53. 'कुर्वः' में लकार, पुरुष व वचन बताइये।

लट्लकार, उत्तम पुरुष, द्विवचन।

54. 'सः <u>पत्रं</u> लिखति' वाक्य में कारक – विभक्ति बताइये।

पत्रं में कर्म कारक, द्वितीया विभक्ति है।

55. श्रुतलेख का क्या अर्थ है?

सुनकर उसी बात को लिखना।

56. 'त्रिलोचनः' में कौन सा समास है?

द्विगु समास।

57. 'नै + अकः' में कौन सी सन्धि है?

अयादि संधि।

58. पीताम्बरः में कौन सा समास है?

बहुव्रीह समास।

59. भू धातु का लोट लकार, प्रथम पुरुष, बहुवचन क्या होगा?

भवंतु।

60. अनुलेख का क्या अर्थ होता है?

जैसा लिखा है ठीक वैसा ही लिखना।

61. वाच्य क्या होता है?

किसी बात को कहने का ढंग।

62. वाच्य के कितने भेद हैं?

3 भेद : कर्त वाच्य, कर्म वाच्य, भाववाच्य।

63. प्र उपसर्ग लगाकर दो शब्द बनाइये।

प्रगति, प्रचार, प्रहार।

64. '<u>नदीषु</u> गंगा श्रेष्ठा' रेखांकित पद में कारक व विभक्ति बताइये।

अधिकरण कारक, सप्तमी विभक्ति।

65. "ज्ञानं-भारं क्रियो बिना" श्लोक का अर्थ बताइये।

उपयोग में न आने वाला ज्ञान भार के समान होता है।

66. करण कारक का चिन्ह क्या है?

से, द्वारा।

67. 26 को संस्कृत में किस प्रकार लिखेंगे।

षड्विंशति।

68. 46 को संस्कृत में किस प्रकार लिखेंगे।

षड्चत्वारिंशत्।

69. 'पवनः' का सन्धि विच्छेद कीजिये।

पो + अनः।

70. 'दिगम्बरः' का सन्धि विच्छेद कीजिये।

दिक् + अम्बरः।

71. अक् प्रत्याहार में कौन कौन से वर्ण आते हैं?

अ, इ, उ, ऋ, लृ।

72. दीर्घ स्वरों की संख्या बताइये।

आठ है : आ, ई, ऊ, ॠ, ए, ऐ, ओ, औ।

73. 'श्रु'(सुनना) धातु लट्लकार प्रथम पुरुष द्विवचन का रूप लिखो।

श्रृणतः।

74. नपुसंकलिंग शब्द का उदाहरण बताओ।

गमनम्, महत्वम्, दानम् आदि।

75. पुराणों की संख्या कितनी है?

18

76. संस्कृत आयोग का गठन कब हुआ?

1958 में।

77. "वृक्षात् पत्राणि पतति" में कारक और विभक्ति बताओ।

(वृक्ष से पत्ते गिरते हैं।) अपादान कारक व पंचमी विभक्ति।

78. "संस्कृत भारतीय विरासत व सभताका प्रतीक है।" किसका कथन है?

श्री वी. वी. गिरि।

79. "सर्वे भवंतु सुखिनः" यह वाक्य किस प्रकार का है?

संकेतवाचक।

80. संस्कृत भाषा का प्राण है?

व्याकरण।

81. सोलह का संस्कृत शब्द लिखो।

16 – षोडश।

82. उन्नीस का संस्कृत शब्द लिखो।

19 – एकोनविंशति।

83. संस्कृत में लकार कितने प्रकार के होते है?

पाँच प्रकार के :

- लट् लकार (वर्तमान काल)
- लृट लकार (भविष्यत काल)
- लङ्ग लकार (भूत काल)
- लोट लकार
- विधिलिंग।

84. "भारतवर्षे बहूनि तीर्थानि संति।" हिंदी अनुवाद करो।

भारत वर्ष में बहुत से तीर्थ हैं।

85. महत्वपूर्ण शब्दार्थ :

- मण्डूकः – मेढ़क,
- ग्रीवा – गर्दन,
- ब्रुते – बोलती है,
- पिपीलिका – चीटी,
- अपि – भी,
- बदरम् – सेव,
- द्राक्षा – अंगूर।

संस्कृत में फलों के नाम :

बदरी : बेर,

निम्बूकम् : निम्बू

जम्बूफलम् : जामुन,

दाडियम् : अनार

शुष्कखर्जुरम् : छुआरा,

द्राक्षा : अंगूर

मण्डपी : मूँगफली

धातु रूप, लकार, वचन

धातु रूप याद करने की सबसे आसान ट्रिक

1. लट् लकार

पुरुष	एकवचन	द्विवचन	बहुवचन
प्रथम	ति	तः	न्ति
मध्यम	सि	थः	थ
उत्तम	आमि	आवः	आमः

पठ्(पढना) धातु – लट् लकार

पुरुष	एकवचन	द्विवचन	बहुवचन
प्रथम	पठति	पठतः	पठंति
मध्यम	पठसि	पठथः	पठथ
उत्तम	पठामि	पठावः	पठामः

2. लृट लकार

पुरुष	एकवचन	द्विवचन	बहुवचन
प्रथम	इष्यति	इष्यतः	इष्यन्ति
मध्यम	इष्यसि	इष्यथः	इष्यथ
उत्तम	इष्यामि	इष्यावः	इष्यामः

पठ्(पढना) धातु – लृट लकार

पुरुष	एकवचन	द्विवचन	बहुवचन
प्रथम	पठिष्यति	पठिष्यतः	पठिष्यन्ति
मध्यम	पठिष्यसि	पठिष्यथः	पठिष्यथ
उत्तम	पठिष्यामि	पठिष्यावः	पठिष्यामः

3. लङ लकार

पुरुष	एकवचन	द्विवचन	बहुवचन
प्रथम	अ — त्	अ — ताम्	अ — न्
मध्यम	अ — :	अ — तम	अ — त
उत्तम	अ — म्	अ — आव	अ — आम

पठ्(पढना) धातु – लङ् लकार

पुरुष	एकवचन	द्विवचन	बहुवचन
प्रथम	अपठत्	अपठताम्	अपठन्
मध्यम	अपठः	अपठतम	अपठत
उत्तम	अपठाम	अपठाव	अपठाम

4. लोट लकार

पुरुष	एकवचन	द्विवचन	बहुवचन
प्रथम	तु	ताम	न्तु
मध्यम	अ	तम्	त
उत्तम	आनि	आव	आम

पठ्(पढना) धातु – लोट लकार

पुरुष	एकवचन	द्विवचन	बहुवचन
प्रथम	पठतु	पठताम	पठन्तु
मध्यम	पठ	पठतम्	पठत
उत्तम	पठानि	पठाव	पठाम

5. विधिलिङ् लकार

पुरुष	एकवचन	द्विवचन	बहुवचन
प्रथम	एत	एताम्	एयु
मध्यम	ए	एतम्	एत्
उत्तम	एयम	एव	एम

पठ्(पढना) धातु – विधिलिङ् लकार

पुरुष	एकवचन	द्विवचन	बहुवचन
प्रथम	पठेत	पठेताम	पठेयु
मध्यम	पठे	पठेतम्	पठेत्
उत्तम	पठेयम	पठेव	पठेम

संस्कृत में पशुओं के नाम :

अजाः : बकरी,

कुक्कुटी : मुर्गी,

सरमा : कुतिया,

नकुलः : नेवला,

चित्रक : चीता,

व्याघ्रः : बाघ,

करिणी : हाथी,

वृषभः : बैल,

उष्ट्र : ऊँट,

सूकरः : सूअर,

गर्दभी : गधी,

मार्जारी : बिल्ली,

वृक : भेड़िया,

शशकः : खरगोश

संस्कृत में पक्षियों के नाम :

कपोतः : कबूतर,

बकः : बगुला,

कीरः : तोता,

चातकः : पपीहा,

गृध : गिद्ध,

मराल : हंस,

मराली : हंसिनी,

चटकाः : गौरैय्या,

वर्तक : बत्तख,

सारिका : मैना,

श्येन : बाज,

भ्रमरः : भौंरा।

कारक

कर्ता कारक : प्रथमा विभक्ति।

जैसे – रामः गच्छति, मोहनः पठति।

कर्म कारक : कर्मणि द्वितीया।

जैसे – रामः कंदुकम् क्रीडति, रमा रामायण पठति।

कालध्वनोरत्यंत संयोगे। समयवाचक एवं दूरीवाचक शब्दों में द्वितीया विभक्ति का प्रयोग।

जैसे – रामः चतुर्दशवर्षाणि वनं न्यवसत्, ।

करण कारक :

जैसे – मोहनः कलमेन पत्रं लिखति, मोहनः कर्णेन बधिरः अस्ति।

सम्प्रदान कारक :

जैसे - मह्यम् दधि रोचते, रमा पुष्पेभ्यः स्पृहयति।

अपादान कारक :

जैसे – मोहनः प्रयागात् वाराणसीम् अगच्छत्, बालकः सिंहात् विभ्यति।

सम्बंध कारक :

जैसे – खगानाम् काकः धूर्तस्ति।

अधिकरण कारक :

जैसे – छात्राः कक्षायाम् पठसि, कविषु कालिदासः उत्तमारिंत।

संस्कृत में गिनती याद करने की एकमात्र ट्रिक

1.	एकः
2.	द्वि
3.	त्रि
4.	चतुरः
5.	पंचः
6.	षट्
7.	सप्त
8.	अष्ट
9.	नवः
10.	दशः
11.	एकादशन्
12.	द्विदशन्
13.	त्रयोदशन्
14.	चतुर्दशन्
15.	पंचदशन्
16.	षोडशन्
17.	सप्तदशन्
18.	अष्टादशन्
19.	नवदशन्,एकोनविंशति, ऊनविंशति
20.	विंशतिः
21.	एकविंशतिः
22.	द्वाविंशतिः
23.	त्रयोविंशतिः
24.	चतुर्विंशतिः
25.	पंचविंशतिः
26.	षड्विंशतिः

27.	सप्तविंशतिः
28.	अष्टाविंशतिः
29.	नवविंशतिः,एकोनत्रिंशत्, ऊनत्रिंशत्
30.	त्रिंशत्
31.	एकत्रिंशत्
32.	द्वात्रिंशत्
33.	त्रयत्रिंशत्
34.	चतुर्त्रिंशत्
35.	पंचत्रिंशत्
36.	षड्त्रिंशत्
37.	सप्तत्रिंशत्
38.	अष्टात्रिंशत्
39.	एकोनचत्वारिंशत
40.	चत्वारिंशत
41.	एकचत्वारिंशत
42.	द्वाचत्वारिंशत
43.	त्रयश्चत्वारिंशत
44.	चतुश्चत्वारिंशत
45.	पंचचत्वारिंशत
46.	षड्चत्वारिंशत
47.	सप्तचत्वारिंशत
48.	अष्टाचत्वारिंशत
49.	एकोनपंचाशत्
50.	पंचाशत्
59.	एकोनषष्ठी
60.	षष्ठी
69.	एकोनसप्ततिः

70.	सप्ततिः
79.	एकोनशीतिः
80.	अशीतिः
89.	एकोननवतिः
90.	नवतिः
99.	एकोनशतम्
100.	शतम्

हिंदी

1. भाषा कौशल का प्रथम चरण क्या होता है?

सुनना।

2. हिंदी का सम्बंध किस लिपि से है?

देवनागरी लिपि।

3. हिंदी वर्णमाला में कुल वर्णों की संख्या बताइये।

52।

4. हिंदी वर्णमाला में स्वर कितने होते हैं?

11।

5. वर्णों का निर्माण किससे होता है?

स्वर व व्यंजन से।

6. हिंदी वर्णमाला में कुल कितने वर्ग हैं?

पाँच।

7. हिंदी वर्णमाला में अंतस्थ व्यंजन के नाम बताओ।

य, र, ल, व।

8. हिंदी वर्णमाला में ऊष्म व्यंजन के नाम बताओ।

श, ष, स, ह।

9. हिंदी वर्णमाला में संयुक्त व्यंजन, मिश्र वर्ण के नाम बताओ।

संयुक्त - क्ष, त्र, ज्ञ

मिश्र – श्र।

10. जिन वर्णों के उच्चारण में श्वास कम मात्रा में निकलती है, उसे क्या कहते हैं?

अल्पप्राण।

11. आज्ञा का समानार्थी शब्द है?

अनुमति।

12. अतिवृष्टि का विलोम शब्द बताओ।

अनावृष्टि।

13. क्ष किन श्ब्दों से मिल कर बनता है?

क् + ष।

14. कृषि, गृह के पहले वर्ण में कौन सा स्वर मात्रा के रूप में लगा है?

ऋ।

15. कल का तुकांत शब्द बताइये।

जल, नल, पल आदि।

16. कीर्ति का विलोम शब्द बताओ।

अपकीर्ति।

17. कृषि का तद्भव शब्द बताइये।

खेती।

18. धरती का तत्सम शब्द बताइये।

धरित्री।

19. माता की भाववाचक संज्ञा बताइये।

मातृत्व।

20. भाषा की सार्थक लघुतम इकाई है?

ध्वनि।

21. सदाचार में प्रयुक्त उपसर्ग है?

सद्।

22. 'नाक का बाल होना' मुहावरा का अर्थ बताइये।

बहुत प्रिय होना।

23. 'बिजली चमकती है' किस तरह का वाक्य है?

सरल वाक्य।

24. 'पद्मावत' किस भाषा की रचना है?

अवधी।

25. अष्टाध्यायी किसकी रचना है?

पाणिनी।

26. जिस समास के पदों का विग्रह नहीं होता है, कौन सा समास होता है?

अव्ययीभाव समास।

27. 'सूर्योदय' किस सन्धि का उदहरण है?

गुण संधि।

28. 'चार दिन की चाँदनी' मुहावरे का अर्थ बताइये?

थोड़े दिन का सुख।

29. 'यथार्थ' में कौन सा समास है?

अव्ययीभाव समास।

30. 'जूही की कला' किस कवि की प्रथम रचना है?

निराला जी की।

31. अवसाद में कौन सा उपसर्ग है?

अव।

32. दुष्कर का संधि विच्छेद बताइये।

दुः + कर।

33. कोई दो अविकारी शब्द के उदाहरण लिखो।

उधर, यहाँ, इधर।

34. किंही दो जातिवाचक संज्ञा के उदाहरण बताओ।

आदमी, औरत, विद्यार्थी।

35. 'जिसे लांघना बहुत कठिन हो' वाक्यांश के लिये एक शब्द बताइये?

दुर्लंघ्य।

36. केशवदास ने किस तत्व को 'काव्य की आत्मा' कहा है?

अलंकार।

37. 'तुम खाओ' किस प्रकार का वाक्य है?

आज्ञावाचक।

38. औरत किस प्रकार का शब्द है?

तत्सम शब्द।

39. गगनचुम्बी का समास विग्रह क्या होगा?

गगन को चूमने वाला।

40. किस स्वर का कोई मात्रा-चिन्ह नहीं होता है?

अ।

41. 'पटना' किस बिहारी बोली क्षेत्र में स्थित है?

मगही।

42. हिया का तत्सम शब्द क्या है?

हृदय।

43. 'ऋणजल-धनजल' किसकी रचना है?

फणीश्वरनाथ रेणु।

44. 'जिस पर कोई अंकुश ना लगाया जा सके' के लिये एक शब्द बताइये।

निरंकुश।

45. 'पवज्या' शब्द का शुद्ध रूप लिखो।

प्रवज्या।

46. 'श' कौन सा व्यंजन हैं?

ऊष्म।

47. खेती किस शब्द का तद्भव रूप है?

कृषि।

48. 'रवि सोने जा रहा है।' इस वाक्य में रवि क्या है?

व्यक्तिवाचक संज्ञा।

49. महत्वपूर्ण विलोम शब्द :

मितभाषी - वाचाल

क्षणिक - शाश्वत

साकार - निराकार

कृतज्ञ - कृतघ्न

प्रत्यक्ष - अप्रत्यक्ष

50. 'बावन के तोले पाव रत्ती' का क्या अर्थ है?

बिल्कुल सही हिसाब।

51. 'द्रुत गमन करने वाला' के लिये एक शब्द बताइये।

द्रुतगामी।

52. महत्वपूर्ण पर्यायवाची शब्द :

मयूख - रोशनी

शोणित - रक्त

विटप - वृक्ष

खग - चिड़िया

सुमन - फूल

53. 'राधा पानी पीती है' इस वाक्य में वाच्य का कौन सा रूप प्रयुक्त हुआ है?

कर्मवाच्य।

54. 'तरनि तनूजा तट तमाल तरुवर बहु छाये' में कौन सा अलंकार है?

अनुप्रास अलंकार।

55. जिसका पहला पद विशेषण और दूसरा पद विशेष्य हो, उसे क्या कहते हैं?

कर्मधारय समास।

56. समाज शब्द में पुल्लिंग है या स्त्रीलिंग?

पुल्लिंग।

57. 'वह कौन सा व्यक्ति है जिसने सचिन तेंदुलकर का नाम नहीं सुना हो।' कौन सा वाक्य है?

मिश्र वाक्य।

58. 'छाती पर साँप लोटना' मुहावरे का अर्थ बताइये।

ईर्ष्या करना।

59. भाववाचक संज्ञा के अन्तर्गत आते हैं?

गुण – दोष आदि।

60. 'जिसका मन व ध्यान दूसरी तरफ हो' वाक्यांश के लिये एक शब्द बताइये।

अन्यमनस्क।

61. 'राम आया, भाई से मिला और तुरंत लौट गया।' किस प्रकार का वाक्य है?

संयुक्त वाक्य।

62. 'रमेश काला कुर्ता पहन कर बैठा है' वाक्य में विशेषण बताइये।

काली – गुणवाचक विशेषण।

63. 'त्रिशंकु होना' मुहावरे का अर्थ स्पष्ट करिये।

कोई काम करते हुये बीच में अटक जाना।

64. 'रामेश्वर' शब्द का स्त्रीलिंग बताइये।

रामेश्वरी।

65. 'सूत्र' तत्सम शब्द है या तद्भव?

तत्सम शब्द।

66. 'राजमंदिर' में कौन सा समास है?

तत्पुरुष।

67. 'मितव्यय' का विलोम शब्द बताओ।

अपव्यय।

68. महत्वपूर्ण पर्यायवाची शब्द :

कमल : सरोज, जलज, पंकज।

सरस्वती : गिरा, भारती, वाणी, शारदा।

पुष्प : कुसुम, सुमन, फूल।

मीन : मत्स्य, मछली।

69. 'तेजोमय' का संधि विच्छेद बताइये।

तेजः + मय।

70. वर्णों के व्यवस्थित समूह को क्या कहते हैं?

वर्णमाला।

71. अनुभव में इक प्रत्यय लगाने पर क्या शब्द बनेगा?

अनुभाविक।

72. 'सिर मुड़ाते ही ओले पड़ना' मुहावरे का अर्थ बताइये।

कार्य के आरम्भ में ही विघ्न पड़ना।

73. कुयोग का विलोम शब्द बताइये।

सुयोग।

74. 'किसी बात का गूढ रहस्य जानने वाला' वाक्य के लिये एक शब्द क्या होगा?

मर्मज्ञ।

75. '<u>अहा</u> ! आप आ गये' वाक्य में अहा शब्द क्या है?

अव्यय।

76. 'लोगों ने शोरगुल करके डाकुओं को भगाया' वाक्य में कारक बताइये।

कर्म कारक।

77. जिन शब्दों का रूप लिंग, वचन और कारक के आधार पर बदल जाता है, वे क्या कहलाते हैं?

विकारी शब्द।

78. विकारी शब्द के कितने भेद होते हैं?

चार भेद : संज्ञा, सर्वनाम, विशेषण, क्रिया।

79. 'गुरुजन का सम्मान करना सीखो' किस प्रकार का वाक्य है?

आज्ञार्थक वाक्य।

80. 'इंद्रियों को जीतने वाला' वाक्यांश के लिये एक शब्द बताइये।

इंद्रजीत, जीतेंद्रीय।

81. 'जिसकी बुद्धि कुशा की नोंक के समान तीखी हो' वाक्यांश के लिये एक शब्द बताइये।

कुशाग्र।

82. एकैक का संधि विच्छेद कीजिये।

एक + एक।

83. 'महाप्राण' कवि के नाम से किस कवि को जाना जाता है?

सूर्यकांत त्रिपाठी 'निराला'।

84. 'सावन' शब्द का तत्सम रूप लिखो।

श्रावण।

85. 'जो सबके उपयोग के लिये हो' वाक्यांश के लिये एक शब्द लिखो।

सार्वजनिक।

86. सूरदास की कृतियाँ बताओ।

सूर सागर, साहित्य लहरी, सूर सारावली।

87. 'नील कमल सी मुख प्रभा, सरस-सुधा से बोल' पंक्ति में प्रयुक्त अलंकार बताओ।

उपमा।

88. जयशंकर प्रसाद की किस कृति को अमूल्य धरोहर कहा गया है?

कामायनी।

89. 'चतुर्दिक' शब्द में प्रयुक्त अमास का नाम लिखो।

द्विगु समास।

90. 'जो काम करने में कठिन हो' वाक्यांश के लिये एक शब्द लिखो।

दुष्कर।

91. 'कुबेर' का समानार्थी शब्द लिखो।

धनराज।

92. विलोम शब्द लिखो –

कनिष्ठ – ज्येष्ठ।

सोम - उग्र।

जंगम - स्थावर।

नूतन - पुरातन।

93. 'घड़ों पानी पड़ना' मुहावरे का अर्थ लिखो।

शर्मिंदा होना।

94. 'गुफा' का तत्सम शब्द लिखो।

गुहा।

95. दो शब्दों के योग से बने शब्द को कहते हैं?

सामासिक शब्द।

96. साहित्य को ज्ञान की राशि का संचित कोष किसने बताया?

रामचंद्र शुक्ल।

97. भाषा के मुख्य तत्व बताइये।

ध्वनि, चिन्ह, संकेत, भाव, विचार, अभिव्यक्ति ।

98. 'छत्री' का तत्सम शब्द लिखो।

क्षत्रिय।

99. 'रात' का पर्यायवाची शब्द बताओ।

निशा, यामिनी, रैन।

100. 'घड़ीसाज' कैसा शब्द है?

देशज शब्द।

101. 'आँख का अंधा नाम नयन सुख' लोकोक्ति का अर्थ बताओ।

गुण के विरुद्ध नाम होना।

102. प्राथमिक स्तर पर बच्चों में भाषा का विकास किस प्रकार किया जाना चाहिये?

वर्णमाला के द्वारा।

103. रवींद्र नाथ टैगोर को किस पुस्तक के लेखनपर नोबेल पुरस्कार प्राप्त हुआ?

गीतांजलि।

104. उपसर्ग बताइये –

निरक्षर - निर् + अक्षर।

सत्संग - सत् + संग।

105. प्रत्यय बताइये –

घुमक्कड़ - घुम + अक्कड़।

कृपालु - कृपा + आलु।

106. किस भाषा का स्वरूप अनिश्चित होता है?

अनौपचारिक भाषा।

107. 'बारह बाँट होना' लोकोक्ति का अर्थ बताइये।

बँटवारा होना।

109. भाषा किसे कहते हैं?

भाषा शब्द का निर्माण संस्कृत की 'भाष' धातु से हुआ है।

"भाषा विचारों के आदान – प्रदान का एक सम्पर्क माध्यम होता है।"

110. भाषा की विशेषतायें बताइये।

- भाषा ध्वनिमय होती है।
- भाषा प्रतीकात्मक होती है।
- भाषा परिवर्तनशील होती है।
- भाषा की क्षेत्रीय सीमा होती है।

111. भाषा के कितने रूप हैं?

भाषा के 3 रूप है –

- बोली,
- परिनिष्ठित भाषा,
- राष्ट्रभाषा।

112. बोली किसे कहते हैं?

भाषा के जिस रूप का प्रयोग साधारण जनता अपने घरों या समूह में करती है, बोली कहते है।

बोली एक निश्चित क्षेत्र में बोली जाती है। इसका क्षेत्र बहुत ही सीमित होता है। बोली सदैव क्षेत्रीय होती है।

113. परिनिष्ठित भाषा किसे कहते हैं?

किसी बोली को जब व्याकरण से परिष्कृत किया जाता है, तब वह परिनिष्ठित भाषा बन जाती है।

114. लिपि किसे कहते हैं?

जिस रूप में वर्ण, अक्षर लिखे जाते हैं, उसे लिपि कहते हैं। हम अपने विचारों के आदान – प्रदान में स्थायित्व प्रदान करने के लिये व दुसरों को लाभ पहुँचाने के लिये ध्वनियों के कुछ चिन्ह बना लिये, इन ध्वनि चिन्हों को लिपि कहते हैं।

115. देवनागरी लिपि से आप क्या समझते हैं?

हिंदी भाषा की वर्णमाला जिस लिपि में लिखी जाती है, उसे देवनागरी लिपि कहते हैं।

116. देवनागरी लिपि की विशेषतायें बताइये।

- देवनागरी लिपि के वर्णों की बनावट सरल व शुद्ध है।
- देवनागरी लिपि में जो बोला जाता है, वही लिखा जाता है।
- देवनागरी लिपि सीखने में आसान है।

117. पठन किसे कहते है?

किसी भाषा के लिखित अंश का उच्चारण करना पठन कहलाता है।

118. पठन के कितने सोपान हैं?

पठन के कुल 3 सोपान है –

- मुद्रित प्रतीकों की पहचान,
- अर्थ ग्रहण,
- अर्थ ग्रहण का उपयोग।

119. पठन का महत्व बताइये।

- पठन से बच्चों के शुद्ध उच्चारण क्षमता में वृद्धि होती है।
- पठन से बच्चों में बौद्धिक विकास होता है।
- पठन से बच्चों के शब्द – भण्डार में वृद्धि होती है।
- पठन से बोलने व भाषण कला में बच्चे निपुण हो जाते हैं।

120. प्राथमिक स्तर की शिक्षा की समाप्ति पर बालकों से पठनगत अपेक्षायें बताइये।

- चित्र पठन,
- शब्द पठन,
- शाब्दिक पठन,

• वर्ण पठन।

121. उच्च प्राथमिक स्तर की शिक्षा की समाप्ति पर बालकों से पठनगत अपेक्षायें बताइये।

• चिंतनात्मक पठन,
• सृजनात्मक पठन।

122. पठन में दक्षता अवरोध का कारण बताइये।

• पढ़ने की कला का अभाव,
• पठन रुचि का अभाव,
• चिंतन का अभाव,
• मन की एकाग्रता का अभाव,

123. संस्कृत भाषा की लिपि कौन सी है?

नागरी लिपि।

124. वर्ण किसे कहते है?

अक्षर समूह का दूसरा नाम वर्ण होता है। वर्ण के 2 भाग होते है :

• स्वर,
• व्यंजन।

125. हिंदी वर्णमाला के वर्णों का विभाजन समझाइये।

हिंदी वर्णमाला में कुल 52 वर्ण हैं। जिसमें 46 वर्ण, 3 संयुक्त वर्ण, 1 मिश्र वर्ण और 2 अयोगवाह वर्ण है।

126. स्वर किसे कहते है?

स्वर उन वर्णों को कहते है, जिनका उच्चारण स्वतंत्र रूप से होता है। हिंदी वर्णमाला में कुल 11 स्वर है।

127. व्यंजन किसे कहते है?

व्यंजन वे वर्ण है जिनका उच्चारण स्वर की सहायता से होता है। हिंदी वर्णमाला में 33 व्यंजन है।

128. व्यंजन कितने प्रकार के होते है?

तीन प्रकार के :

• स्पर्श
• अंतःस्थ

• ऊष्म।

129. व्यंजनों को उनके उच्चारण स्थान सहित बताओ।

इन्हे स्पर्श व्यंजन भी कहते है।

• क(क,ख,ग,घ,ङ) वर्ग : कण्ठ
• च(च,छ,ज,झ,ञ) वर्ग : तालु
• ट(ट,ठ,ड,ढ,ण) वर्ग : मूर्द्धा
• त(त,थ,द,ध,न) वर्ग : दंत्य
• प(प,फ,ब,भ,म) वर्ग : ओष्ठ

130. अंतःस्थ व्यंजन किसे कहते है?

य, र, ल, व अंतःस्थ व्यंजन कहते है।

131. ऊष्म व्यंजन किसे कहते है?

श, ष, स, ह को ऊष्म व्यंजन कहते है।

इसके अलावा हिंदी वर्णमाला में 3 संयुक्त व्यंजन (क्ष, त्र, ज्ञ) भी हैं।

132. वर्णमाला के वर्णों का विभाजन बताइये।

11 स्वर : अ, आ, इ, ई, उ, ऊ, ए, ऐ, ओ, औ, ऋ।

2 अयोगवाह वर्ण : अं, अः।

33 व्यंजन।

3 संयुक्त वर्ण : क्ष, त्र, ज्ञ।

1 मिश्र वर्ण : श्र।

133. प्रकम्पित व्यंजन कौन सा है?

र ।

134. शब्द किसे कहते है?

वर्णों के मेल से बने स्वतंत्र व सार्थक ध्वनि-समूह को शब्द कहते है।

भाषा की सबसे छोटी स्वतंत्र इकाई शब्द है।

135. वचन किसे कहते है?

शब्द का वह रूप जिसमें उसका एक या अनेक होने का बोध होता है, वचन कहते हैं।

136. वचन के कितने भेद है?

वचन के 2 भेद है :

- एकवचन
- बहुवचन।

137. बालकों को कहानी पसंद होने का क्या कारण है?

कहानियों का सजीव वर्णन होता है।

138. कहानीकार का प्रमुख कौशल क्या होना चाहिये?

कौतूहल व जिज्ञासा का कौशल।

139. मौखिक शिक्षण कितने प्रकार का होता है?

दो प्रकार का।

140. ध्वनि कितने प्रकार का होता है?

दो प्रकार का।

141. शब्द किसे कहते है?

अपने भावों को दूसरों तक प्रसारित करने के लिये ध्वनि प्रतीकों का उपयोग करना पड़ता है, इन ध्वनियों के मेल को शब्द कहते हैं।

142. गद्य व पद्य में अंतर बताइये।

पद्य में गति व लय की विशेष भूमिका होती है, जबकि गद्य में लय का कोई उपयोग नहीं है। पद्य की रचना छंदयुक्त होती है, जबकि गद्य में छंद का कोई उपयोग नहीं होता है।

143. गद्य का अर्थ लिखिये।

जिस रचना में छंद, शास्त्र के गण व मात्राओं के बंधन नहीं होते, वे गद्य हैं।

144. द्रुत पाठ का क्या अर्थ है?

शीघ्रता से पढ़ना।

145. अभिव्यति का अर्थ बताइये।

व्यक्ति द्वारा प्रकट किये गये भावों को अभिव्यक्ति कहते हैं।

146. मौखिक अभिव्यक्ति के साधन बताइये।

विचार-विमर्श, वार्तालाप, वाद-विवाद, चर्चा-परिचर्चा, कविता पाठ, भाषण, कहानी आदि।

147. लिखित अभिव्यक्ति का साधन बताइये।

सार-लेखन, पत्र-लेखन, निबंध, कहानी-लेखन, संस्मरण, कविता-लेखन आदि।

148. अक्षर का अर्थ बताइये।

जो नाशवान न हो उसे अक्षर कहते है। 'क्षर' का अर्थ है नाश होना व अ का अर्थ है नहीं। अक्षर मिलकर शब्द का रूप लेते हैं।

149. वर्ण किसे कहते है?

अक्षर समूह का दूसरा नाम वर्ण है। इसके दो वर्ग है – स्वर, व्यंजन।

150. शब्द की व्याख्या कीजिये।

व्यक्ति के विचारों के प्रति उच्चारित की जाने वाली ध्वनियों के समूह या संकेतों को शब्द कहते है।

151. शब्द के कितने भेद है?

दो भेद है – ध्वन्यात्मक, वर्णात्मक।

152. वाक्य कितने प्रकार के होते है?

तीन प्रकार के : सरल, मिश्रित, संयुक्त।

153. उपसर्ग का अर्थ बताइये।

शब्दांश या कोई अक्षर किसी शब्द के आरम्भ में जुड़कर उसके अर्थ को परिवर्तित कर दे या अर्थ में विशेषता उत्पन्न कर दे, उसे उपसर्ग कहते है।

जैसे : अ + मर = अमर,

अ + नैतिक = अनैतिक।

154. प्रत्यय का अर्थ बताइये।

प्रत्यय के अंतर्गत किसी शब्द के अंत में कोई अक्षर या शब्दांश लग जाने से उसका अर्थ परिवर्तित हो जाता है, उसे प्रत्यय कहते है।

जैसे : कड़ुवा+ हट = कड़ुवाहट

155. सामसिक पद किसे कहते है?

दो या दो से अधिक शब्दों के परस्पर मिलकर एक शब्द बनता है, उसे समास कहते है।

जैसे : चाय-नाश्ता आदि।

156. वाक्य किसे कहते है?

शब्दों को मिलाकर वाक्य बनते हैं, वाक्य द्वारा भाव व विचार प्रकट किये जाते है। वाक्य के दो अंग होते है : उद्देश्य, विधेय।

157. पद क्रम का अर्थ बताइये।

शब्दों को सही क्रम से लगाकर वाक्य बनाने को पदक्रम कहते है।

158. स्वर व व्यंजन में अन्तर बताइये।

स्वर जो बिना किसी अक्षर की सहायता से बोले जाते है जबकि व्यंजन को स्वर की सहायता से बोले जाते है।

159. संज्ञा किसे कहते है?

किसी व्यक्ति, स्थान, गुण तथा वस्तु के नाम को संज्ञा कहते है।

जैसे : कुर्सी, आम।

160. संज्ञा कितने प्रकार की होती है?

पाँच प्रकार की :

- व्यक्तिवाचक,
- जातिवाचक,
- भाववाचक,
- द्रव्यवाचक,
- समूहवाचक।

161. सर्वनाम किसे कहते है?

संज्ञा के बदले जो शब्द आता है, उसे सर्वनाम कहते है।

जैसे :वह, यह, आप, हम आदि।

162. सर्वनाम कितने प्रकार का होता है?

छह प्रकार का :

- पुरुषवाचक,
- निजवाचक,
- निश्चयवाचक,
- अनिश्चयवाचक,
- प्रश्नवाचक,
- सम्बंधवाचक।

163. विशेषण किसे कहते है?

जिस शब्द से संज्ञा या सर्वनाम की विशेषता प्रकट हो, सर्वनाम कहते है।

जैसे : अच्छा, काला, कोमल, गंदा।

164. विशेषण के प्रकार लिखो?

चार है -

- गुणवाचक,
- संख्यावाचक,
- परिमाणवाचक,
- निर्देशक।

165. क्रिया किसे कहते है?

जिन शब्दों से किसी कार्य के करने या होने का पता चलता है, ऐसे शब्दों को क्रिया कहते हैं।

जैसे : खेलना, घुमना।

166. लिंग किसे कहते है?

लिंग शब्द का वह रूप है, जिसके अंतर्गत पुरुष या स्त्री होने का बोध होता है।

167. लिंग कितने प्रकार का होता है?

दो प्रकार का :

- पुल्लिंग,
- स्त्रीलिंग।

168. काल किसे कहते हैं?

क्रिया के जिस रूप से उसके करने या होने के समय का बोध होता है, काल कहते है।

169. काल के प्रकार लिखो।

तीन प्रकार है :

- भूतकाल,
- वर्तमान काल,
- भविष्यत काल।

सन्धि

दो वर्णों के मेल से उत्पन्न होने वाले परिवर्तन को संधि कहते है।

संधि में दो शब्द या पद एक दूसरे से जुड़कर एक नये शब्द का निर्माण करते है।

संधि को समझकर वर्णों को पृथक करना जिससे वे मूल रूप में आ जाये, संधि-विच्छेद कहलाता है।

संधि 3 प्रकार की होती है :

1. स्वर संधि,

2. व्यंजन संधि,
3. विसर्ग संधि।

➢ स्वर संधि : दो स्वर आपस में मिलकर एक अन्य स्वर का निर्माण करते है। इसमें स्वरों का आपसी मेल होता है।

महत्वपूर्ण नियम 1(दीर्घ संधि).:

- अ + अ = आ
- अ + आ = आ
- इ + इ = ई
- इ + ई = ई
- उ + उ = ऊ
- उ + ऊ = ऊ
- ऋ + ऋ = ऋ

जैसे : देव + आलय = देवालय, रवि + इंद्र = रवींद्र, हरि + ईश = हरीश, भानु + उदय = भानूदय, पितृ + ऋण = पितृण।

महत्वपूर्ण नियम 2(गुण संधि).:

- अ + इ = ए
- अ + ई = ए
- आ + इ = ए
- अ + उ = ओ
- आ + उ = ओ
- आ + ऊ = ओ
- अ + ऋ = अर्
- आ + ऋ = अर्

जैसे : सुर + इंद्र = सुरेंद्र, रमा + इंद्र = रमेंद्र, सूर्य + उदय = सूर्योदय, गंगा + ऊर्मि = गंगोर्मि, देव + ऋषि = देवर्षि, महा + उदय = महोदय।

महत्वपूर्ण नियम 3 (वृद्धि संधि).:

- अ + ए = ऐ
- अ + ऐ = ऐ
- आ + ए = ऐ

- अ +ओ = औ
- अ + औ = औ

जैसे : एक + एक = एकैक, सदा + एव = सदैव, शिवा + ऐश्वर्य = शिवैश्वर्य, परम + ओजस्वी = परमौजस्वी, परम + औसध = परमौषध।

महत्वपूर्ण नियम 4 (यण संधि).:

- इ + अ = य्
- इ + आ = य्
- इ+ उ = य
- इ + ऊ = य
- ई + आ = य
- उ + अ = व
- उ + आ = व
- ऋ + अ = र्
- ऋ + आ = र्

जैसे : यदि + अपि = अद्यपि, नि + ऊन = न्यून, नदी + अर्पण = नद्यर्पण, सु + आगत = स्वागत, मातृ + आनंद = मात्रानंद।

महत्वपूर्ण नियम 5 (अयादि संधि).:

- ए + अ = अय्
- ऐ + अ = आय्
- ओ + अ = अव्
- औ + अ = आव्

जैसे : ने + अन = नयन, नै + अक = नायक, पो + अन = पवन, पौ + अन = पावन।

➢ व्यंजन संधि : व्यंजन से स्वर या व्यंजन के मेल से उत्पन्न विकार को व्यंजन संधि कहते है।

भाषा कौशल

<u>भाषा :</u> "भाषा वह साधन है जिसके माध्यम से हम सोचते है व अपने विचारों को व्यक्त करते है।"

<u>भाषा कौशल :</u> भाषा कौशल एक अभिव्यक्ति का साधन है, जिसमें सुनने, बोलने, पढ़ने व लिखने का कौशल सम्मिलित होता है, किसी व्यक्ति की सम्प्रेषण की सक्षमता उसके भाषा कौशल की दक्षता पर निर्भर करती है।

<u>भाषा कौशल की विशेषतायें :</u>

- कौशल भाषा का व्यावहारिक पक्ष है।
- भाषा कौशल सम्प्रेषण का साधन व मुख्य माध्यम है।
- भाषा कौशल में मानसिक, शारीरिक अंग, ज्ञानेंद्रियाँ कर्मशील होती है।
- भाषा कौशल अर्जित किया जाता है, इसके लिये प्रशिक्षण व अभ्यास किया जाता है।
- भाषा कौशल के दो घटक – पाठ्यवस्तु, अभिव्यक्ति होते है।
- भाषा कौशल के दो प्रवाह – लिखना-पढ़ना, बोलना-सुनना होता है।
- भाषा कौशल का उद्देश्य बोधगम्यता होता है।

भाषा कौशल के विकास की उपयुक्त विधियाँ निम्नवत् है –

1. बोलने का कौशल
2. पढ़ने का कौशल
3. लिखने का कौशल
4. सुनने का कौशल।

सामाजिक अध्ययन

1.सार्क (दक्षेस) की स्थापना कब हुई?

दिस. 1985 में।

2.1857 के विद्रोह का बिहार में नेतृत्व किसने किया था?

कुंवर सिंह ने।

3.स्वतंत्र भारत की पहली वन नीति कब लागू की गई थी?

1952 में।

4.6 से 14 वर्ष के सभी बच्चों को शिक्षा का अधिकार किस अनुच्छेद द्वारा प्रदान किया गया?

अनुच्छेद 21(A) में।

5.संविधान का 73वॉ संशोधन किससे सम्बंधित है?

पंचायती-राज व्यवस्था।

6.भारत का प्रथम विधि अधिकारी किसे कहा जाता है?

महान्यायवादी।

7.आधार योजना की शुरुआत कब की गई?

दिस. 2010।

8.भारतीय संविधान के कितने भाग हैं?

22 भाग।

9.कानपुर में 1857 के नेतृत्वकर्ता कौन थे?

नाना साहेब।

10. 'वंदे-मातरम' गीत के रचनाकार कौन थे?

बंकिम चंद्र चटर्जी।

11. 'फूट डालो और राज करो' नीति किसकी थी?

लॉर्ड कर्जन।

12. नवाबों का शहर कौन सा है?

लखनऊ।

13. रानी लक्ष्मीबाई और अंग्रेजोंके मध्य युद्ध कब समाप्त हुआ?

17 जून 1858।

14. सिक्खों के दसवें गुरू कौन थे?

गुरु गोविंद सिंह।

15. देवास क्यों प्रसिद्ध है?

नोट की छपाई।

16. स्थानीय स्वशासन का जनक किसे माना जाता है?

लॉर्ड रिपन को।

17. 1857 के विद्रोह का तात्कालिक कारण क्या था?

एनफील्ड राइफलों का प्रयोग।

18. रामकृष्ण मिशन की स्थापना किसने की?

स्वामी विवेकानंद ने 1897 में।

19. अलीगढ मुस्लिम विश्वविद्यालय के संस्थापक कौन थे?

सर सैयद अहमद खान।

20. संविधान में मान्यता प्राप्त भाषाओं की संख्या कितनी है?

22।

21. ओपेक(OPEC) का पूरा नाम क्या है?

Organization Of Petroleum Exporting Countries.

22. भारत में उठे खिलाफत आंदोलन की जड़ें कहाँ थी?

तुर्की में।

23. 1857 के विद्रोह का नेतृत्व लखनऊ में किसने किया था?

बेगम हजरत महल ने।

24. निःशुल्क एवं अनिवार्य शिक्षा कौन से अधिनियम में वर्णित है?

शिक्षा का अधिकार अधिनियम - 2009।

25. मूल कर्तव्यों की संख्या कितनी है?

11।

26. संसार की छत किसे कहा जाता है?

पामीर का पठार।

27. सती प्रथा को किस गवर्नर जनरल ने समाप्त किया था?

लॉर्ड विलियम बेंटिक।

28. तात्या टोपे का वास्तविक नाम क्या था?

रामचंद्र पाडुरंग।

29. कर्नल ओल्काट की मृत्यु के बाद थियोसोफिकल सोसाइटी का अध्यक्ष किसे बनाया गया?

श्रीमती एनीबेसेन्ट।

30. भारत की तीनों सेनाओं का प्रमुख कौन होता है?

राष्ट्रपति।

31. प्रागैतिहासिक काल क्या है?

जिस काल में घटनाओं का कोई लिखित विवरण प्राप्त नहीं हुआ, उसे प्रागैतिहासिक काल कहते हैं।

32. इतिहास किसे कहते हैं?

मानव विकास का वह काल जिसका लिखित विवरण उपलब्ध हो।

33. पुरा पाषाण काल की कोई दो विशेषतायें लिखो।

- जीविका का आधार शिकार था।
- आग का आविष्कार इसी काल में हुआ था।

34. नवपाषाण काल की विशेषतायें बताओ।

- पहिये का आविष्कार नवपाषाण काल में हुआ था।
- कृषि का आविष्कार हुआ था।
- स्थायी निवास की प्रवृत्ति।
- कुत्तों को पालतु बनाया गया।

35. मनुष्य सर्वप्रथम किस धातु का प्रयोग किया?

ताँबा।

36. मनुष्य द्वारा निर्मित पहला औजार कौन सा है?

कुल्हाड़ी।

37. सिंधु सभ्यता की लिपि बताइये?

भाव चित्रात्मक।

38. किन्ही दो नदी घाटी सभ्याताओं के नाम लिखो।

• सिंधु घाटी की सभ्यता,

• मेसोपोटामिया की सभ्यता।

39. सिंधु सभ्यता को समझाइये।

इसे हड़प्पा सभ्यता के नाम से जानते है। सिंधु सभ्यता की खोज के जनक दयाराम साहनी थे।

इसके दो प्रमुख शहर हड़प्पा, मोहनजोदड़ो।

40. सिंधु सभ्यता का सम्बन्ध किस नदी से है?

सिंधु नदी से।

41. मोहनजोदड़ो की खुदाई के जनक कौन थे?

जॉन मार्शल और राखल दास बनर्जी।

42. मोहनजोदड़ो का सम्बंध किस नदी से है?

रावी नदी।

43. मेसोपोटामिया सभ्यता का विकास किन नदी घाटियों में हुआ था?

दजला – फरात नदी घाटियों में।

44. मेसोपोटामिया का अर्थ बताइये।

मेसोपोटामिया दो शब्दों से मिलकर बना है : मेसो + पोटामिया, मेसो का अर्थ बीच व पोटामिया का अर्थ नदी है, अर्थात दो नदियों के बीच का क्षेत्र।

45. कुम्हार की चॉक का प्रयोग सर्वप्रथम किस सभ्यता में हुआ?

मेसोपोटामिया की सभ्यता में।

46. तुगलक वंश का संस्थापक कौन थे?

ग्यासुद्दीन तुगलक।

47. तुगलक काल में प्रथम हिंदु राज्य का निर्माण हुआ, जिसका नाम है?

विजय नगर।

48. सूर्य मंदिर कहाँ स्थित है?

कोर्णाक (उड़ीसा) में।

49. किस सम्राट के शासन काल में हूणों ने प्रथम बार आक्रमण किया?

कुमार वंश।

50. पाल वंश की स्थापना किसने की?

गोपाल ने।

51. तराइन का प्रथम युद्ध कब हुआ?
1191 ई. में।
52. मौर्य काल में शिक्षा के प्रमुख केंद्र का नाम बताइये?
तक्षशिला।
53. जयचंद्र किस युद्ध में पराजित हुये?
चंदावर का युद्ध।
54. चंदेलों की राजधानी का नाम बताओ।
खजुराहो।
55. सल्तनत काल में भारत को कहा जाता था?
सोने की चिड़िया।
56. गुलाम वंश की स्थापना किसने की थी?
कुतुबुद्दीन ऐबक ने।
57. लाखबख्श की उपाधि किसे दी गयी थी?
कुतुबुद्दीन ऐबक को।
58. पल्लव वंश की राजधानी कहाँ थी?
काँची।
59. भारत में इस्लाम धर्म की स्थापना किस के समय में मानी जाती है?
मुहम्मद बिन कासिम।
60. लोदी वंश की स्थापना किसने की थी?
बहलोल लोदी।
61. कुतुबमीनार का निर्माण कार्य किसने पूर्ण करवाया?
इल्तुतमिश।
62. राजतरंगिणी के रचनाकार कौन थे?
कल्हण।
63. सल्तनतकालीन पहली महिला शासक कौन थी?
रजिया बेगम (1236 – 1246 ई.)।
64. सैय्यद वंश की स्थापना किसने की थी?
खिज्र खाँ ने।
65. विजय नगर की स्थापना किसने की थी?

हरिहर व बुक्का नामक दो भाइयों ने।

66. गुलरुखी उपनाम किस शासक का था?

सिकंदर लोदी।

67. दिल्ली पर तैमूर ने अपना अधिपत्य कब स्थापित किया?

1398 ई. में।

68. भारत का नैपोलियन किसे कहा जाता है?

समुद्रगुप्त को।

69. गुप्तकाल के दो प्रमुख साहित्यकारों के नाम लिखो।

कालिदास, विष्णु शर्मा।

70. हूण कौन थे?

मध्य एशिया के खानाबदोश जंगलियों का समूह।

46. 1857 में बैरकपुर के विद्रोह को दबाने के बाद किस बटालियन ने विद्रोह किया था?

तीसरी भारतीय घुड़सवार सेना ने।

47. इंडिया डिवाइडेड किसकी रचना है?

डॉ. राजेंद्र प्रसाद की।

48. 1857 की क्रान्ति के समय दिल्ली का शासक कौन था?

बहादुरशाह द्वितीय।

49. किसने कहा था, "सत्य परम तत्व है और वह ईश्वर है"?

महात्मा गाँधी ने।

50. 'ब्रिटिश हाउस ऑफ कॉमंस' में चुने जाने वाले पहले भारतीय का नाम बताओ।

दादा भाई नौरोजी।

51. महात्मा गाँधी 'अर्द्धनग्न फकीर' है, किसने कहा था?

विंस्टन चर्चिल ने।

52. 'प्रार्थना समाज' की स्थापना किसने की थी?

आत्माराम पांडुरंग।

53. भारतीय सिविल सेवा में अर्हता प्राप्त प्रथम भारतीय कौन थे?

सत्येंद्र नाथ टैगोर।

54. भारत में ग्रैण्ड ओल्ड मैन (दादाजी) के नाम से किस महापुरुष को जाना जाता है?

दादाभाई नौरोजी।

55. भारत के प्रथम भारतीय गवर्नर जनरल कौन थे?

सी. राजगोपालाचार्य।

56. भारत के अंतिम वायसराय कौन थे?

लॉर्ड माउंटबेटन।

57. भारतीय विश्वविद्यालय अधिनियम किसने पारित किया था?

लॉर्ड कर्जन।

58. किसकी विफलता के बाद स्वराज पार्टी बनाई गई थी?

असहयोग आंदोलन।

59. मोतीलाल नेहरू और चितरंजन दास ने किस पार्टी की स्थापना की थी?

स्वराज पार्टी की।

60. भारतीय राष्ट्रीय कांग्रेस के संस्थापक कौन थे?

ए. ओ. ह्यूम।

61. भारतीय राष्ट्रीय कांग्रेस की पहली महिला अध्यक्ष कौन थी?

एनी बेसेंट।

62. सुभाष चंद्र बोस ने भारतीय राष्ट्रीय कांग्रेस से निकलने के बाद किस पार्टी की स्थापना की थी?

फॉरवर्ड ब्लॉक।

63. जलियांवाला बाग कांड किस ब्रिगेडियर के कारण हुआ था?

जनरल डायर।

64. पूना समझौता किसके मध्य हुआ था?

महात्मा गाँधी और अम्बेडकर के मध्य।

65. ऑल इण्डिया मुस्लिम लीग की स्थापना किसने की थी?

आगा खां ने।

66. 'भारत सेवक समाज' की स्थापना किसने की थी?

गोपाल कृष्ण गोखले ने।

67. होमरूल लीग की स्थापना किस दौरान की गई थी?

प्रथम विश्व युद्ध के दौरान।

68. महात्मा गाँधी ने 1930 में सविनय अवज्ञा आंदोलन किस स्थान से प्रारम्भ किया था?

69. 'साबरमती आश्रम' की स्थापना किसने की थी?

महात्मा गाँधी ने।

70. गाँधी जी ने साबरमती आश्रम की स्थापना किस वर्ष की थी?

1917 में।

71. किस गवर्नर का नाम 'राज्य हड़प नीति' से जुड़ा था?

लॉर्ड डलहौजी का।

72. महात्मा गाँधी किसकी कृतियों से बहुत ज्यादा प्रभावित हुये?

लियो टॉलस्टाय।

73. स्वतंत्र भारत में पहली गैर कांग्रेस सरकार किस राज्य में बनी थी?

केरल में।

74. गाँधी जी ने सत्याग्रह की कला किस देश से सीखी थी?

दक्षिण अफ्रीका से।

75. नरम दल और गरम दल के बीच फूट कहाँ पड़ी थी?

कांग्रेस के सूरत अधिवेशन में।

76. बाल गंगाधर तिलक ने किसको राजनीतिक गुरु माना था?

77. 'भारत छोड़ो आंदोलन' कब प्रारम्भ हुआ था?

1942

78. गाँधी जी ने असहयोग आंदोलन किस कारण स्थगित किया था?

चौरी – चौरा कांड के कारण।

79. नमक सत्याग्रह कब प्रारम्भ हुआ था?

1930 में।

80. गाँधी जी खादी को किसका प्रतीक मानते थे?

आर्थिक स्वतंत्रता का।

81. कांग्रेस ने पूर्ण स्वराज की शपथ किस अधिवेशन में ली?

लाहौर।

82. 'नये भारत का पैगम्बर' किसे कहा जाता है?

राजा राममोहन राय।

83. संविधान का अनुच्छेद 370 किस राज्य में लागू होता है?

जम्मू-कश्मीर।

महत्वपूर्ण तिथियाँ (इन्हे याद कर लें)

1. भारतीय राष्ट्रीय कांग्रेस की स्थापना

Ans-1885 ई.

2. बंग – भंग आंदोलन

Ans-1905 ई.

3. मुस्लिम लीग की स्थापना

Ans-1906 ई.

4.कांग्रेस का बंटवारा

Ans-1907 ई.

5. होमरूल आंदोलन

Ans1916 ई.

6. लखनऊ पैक्ट

Ans-दिसंबर 1916 ई.

7. मांटेग्यू घोषणा

Ans-20 अगस्त 1917 ई.

8. रौलेट एक्ट

Ans-19 मार्च 1919 ई.

9. जालियांवाला बाग हत्याकांड

Ans-13 अप्रैल 1919 ई.

10. खिलाफत आंदोलन

Ans-1919 ई.

11. हंटर कमिटी की रिपोर्ट प्रकाशित

Ans-18 मई 1920 ई.

12. कांग्रेस का नागपुर अधिवेशन

Ans-दिसंबर 1920 ई.

13. असहयोग आंदोलन की शुरुआत

Ans-1 अगस्त 1920 ई.

14. चौरी-चौरा कांड

Ans-5 फरवरी 1922 ई.

15. स्वराज्य पार्टी की स्थापना

Ans-1 जनवरी 1923 ई.

16. हिंदुस्तान रिपब्लिकन एसोसिएशन

Ans-अक्टूबर 1924 ई.

17. साइमन कमीशन की नियुक्ति

Ans-8 नवंबर 1927 ई.

18. साइमन कमीशन का भारत आगमन

Ans-3 फरवरी 1928 ई.

19. नेहरू रिपोर्ट

Ans-अगस्त 1928 ई.

20. बारदौली सत्याग्रह

Ans-अक्टूबर 1928 ई.

21. लाहौर षड्यंत्र केस

Ans-8 अप्रैल 1929 ई.

22. कांग्रेस का लाहौर अधिवेशन

Ansदिसंबर 1929 ई.

23. स्वाधीनता दिवस की घोषणा

Ans-2 जनवरी 1930 ई.

24. नमक सत्याग्रह

Ans-12 मार्च 1930 ई .से 5 अप्रैल 1930 ई .तक

25. सविनय अवज्ञा आंदोलन

Ans-6 अप्रैल 1930 ई.

26. प्रथम गोलमेज आंदोलन

Ans-12 नवंबर 1930 ई.

27. गांधी-इरविन समझौता

Ans-8 मार्च 1931 ई.

28.द्वितीय गोलमेज सम्मेलन

Ans-7 सितंबर 1931 ई.

29. कम्युनल अवार्ड) साम्प्रदायिक पंचाट(

Ans-16 अगस्त 1932 ई.

30.पूना पैक्ट

Ans-सितंबर 1932 ई.

31. तृतीय गोलमेज सम्मेलन

Ans-17 नवंबर 1932 ई.

32. कांग्रेस सोशलिस्ट पार्टी का गठन

Ans-मई 1934 ई.

33. फॉरवर्ड ब्लाक का गठन

Ans-1 मई 1939 ई.

34. मुक्ति दिवस

Ans-22 दिसंबर 1939 ई.

35. पाकिस्तान की मांग

Ans-24 मार्च 1940 ई.

36. अगस्त प्रस्ताव

Ans-8 अगस्त 1940 ई.

37. क्रिप्स मिशन का प्रस्ताव

Ans-मार्च 1942 ई.

38. भारत छोड़ो प्रस्ताव

Ans-8 अगस्त 1942 ई.

39. शिमला सम्मेलन

Ans-25 जून 1945 ई.

40. नौसेना का विद्रोह

Ans-19 फरवरी 1946 ई.

हमारा संविधान महत्वपूर्ण प्रश्न

1. सर्वोच्च न्यायालय में न्यायाधीश की नियुक्ति कौन करता है?

राष्ट्रपति।

2. भारत के राष्ट्रपति पद के लिये आवश्यक न्यूनतम आयु कितनी होती है?

35 वर्ष।

3. भारतीय संविधान की आठवीं अनुसूची में कितनी भाषाओं का उल्लेख है?

22 भाषाओं।

4. संघ सूची में कितने विषय मिलते हैं?

97 विषय।

5. समवर्ती सूची में कितने विषय शामिल हैं?

47 विषय।

6. शिक्षा को किस सूची में शामिल किया गया है?

समवर्ती सूची में।

7. भारत का प्रथम नागरिक कौन होता है?

राष्ट्रपति।

8. संसद के कितने सदन होते हैं?

दो सदन : लोकसभा, राज्यसभा।

9. राज्यसभा का सभापति कौन होता है?

उपराष्ट्रपति।

10. संसद के उच्च सदन को क्या कहते हैं?

राज्यसभा।

11. राज्यसभा की सदस्यता के लिये उम्मीदवार की न्यूनतम आयु कितनी होती है?

30 वर्ष।

12. राज्यसभा के सदस्यों का कार्यकाल कितना होता है?

6 वर्ष का।

13. राष्ट्रपति द्वारा राज्यसभा में कितने सदस्यों को मनोनीत किया जाता है?

12 सदस्य।

14. वर्तमान लोकसभा में निर्वाचित सदस्यों की संख्या कितनी है?

545।

15. संसद के निम्न सदन को क्या कहते हैं?
लोकसभा।
16. भारत ने अपनी मंत्रिमण्डल प्रणाली किस देश से ली है?
ब्रिटेन।
17. लोकसभा की सदस्यता के लिये उम्मीदवार की न्यूनतम आयु कितनी होती है?
25 वर्ष।
18. लोकसभा के सदस्यों का कार्यकाल कितना होता है?
5 वर्ष।
19. वित्त विधेयक किस सदन में प्रस्तुत किया जाता है?
केवल लोकसभा में।
20. महाभियोग द्वारा किसे हटाया जा सकता है?
राष्ट्रपति को।
21. उच्चतम न्यायालय के न्यायाधीष का कार्यकाल कितनी आयु तक होता है?
65 वर्ष तक।
22. रेलवे व बैंक किस सूची में आते हैं?
केंद्र सूची में।
23. खेती व सिंचाई किस सूची के विषय हैं?
राज्य सूची के।
24. भारत में वस्तु व सेवा कर (GST) कब लागू किया गया?
1 जुलाई 2017 को।
25. संसद क्या है?
राष्ट्रपति, लोकसभा व राज्यसभा को मिलाकर संसद बनती है।
26. संविधान क्या है?
संविधान उन आधारभूत नियमों व कानूनों का संग्रह है, जिनके आधार पर किसीदेश का शासन चलाया जाता है।
27. संविधान सभा का गठन कब हुआ?
भारत में संविधान सभा का गठन जुलाई 1946 ई. को हुआ।
28. भारतीय संविधान सभा की पहली बैठक कब हुयी।
9 दिसम्बर, 1946 को।

29. संविधान सभा का स्थाई अध्यक्ष कब व किसे बनाया गया?

11 दिसम्बर, 1946 ई. को डॉ. राजेंद्र प्रसाद को।

30. संविधान सभा की प्रारुप समिति के अध्यक्ष कौन थे?

डॉ. भीमराव अम्बेडकर।

31. संविधान की प्रमुख विशेषतायें बताइये।

प्रमुख विशेषतायें निम्न हैं :

- अत्यंत विस्तृत व व्यापक।
- सम्पूर्ण प्रभुत्वसम्पन्न लोकतंत्रात्मक गणराज्य।
- संसदीय शासन प्रणाली।
- मूल अधिकारों की व्यवस्था।
- धर्मनिरपेक्ष राज्य।

32. हमारे मौलिक अधिकार बताइये।

भारतीय नागरिक को 6 मूल अधिकार प्राप्त है :

- समानता का अधिकार।
- स्वतन्त्रता का अधिकार।
- शोषण के विरुद्ध अधिकार।
- धार्मिक स्वतंत्रता का अधिकार।
- संस्कृति व शिक्षा सम्बंधी अधिकार।
- संवैधानिक उपचारों का अधिकार।

33. सूचना का अधिकार कब लागू हुआ?

सूचना का अधिकार अधिनियम (2005) 15 जून 2005 को पारित हुआ व 12 अक्टूबर, 2005 को लागू हुआ।

34. सूचना का अधिकार क्या है?

सूचना का अधिकार से आशय उस वैधानिक अधिकार से है जो किसीदेश के लोगों को सरकारी कार्यों सम्बंधित सूचनायें प्राप्त करने व पहुँच के अवसर प्रदान करता है।

35. मूल कर्तव्य क्या है?

मूल संविधान में मूल कर्तव्यों की व्यवस्था नहीं की गयी थी, किंतु 42वें संवैधानिक संशोधन अधिनियम, 1976 के द्वारासंविधान में 10 मूल कर्तव्य लिये गये। 86वें संशोधन द्वारा एक और कर्तव्य जोड़ा गया। अव कुल 11 मूल कर्तव्य हैं।

36. किन्ही 2 मूल कर्तव्यों को बताइये।

निम्न है :

- संविधान का पालन करें व उसके आदर्शों, संस्थाओं, राष्ट्रध्वज व राष्ट्रगान का आदर करें।
- भारत की सम्प्रभुता, एकता व अखण्डता की रक्षा करें व उसे अक्षुण्य बनाये रखें।
- देश की रक्षा करें व आव्हान किये जाने पर देश की सेवा करें।
- सार्वजनिक सम्पत्तिको सुरक्षित रखें व हिंसा से दूर रहें।

37. अच्छे नागरिक के गुण बताइये।

अच्छे नागरिक में निम्न गुण होना आवश्यक है :

- देशभक्ति।
- अनुशासित।
- समाज-सेवा।
- धर्म-निरपेक्षता।

भूगोल महत्वपूर्ण प्रश्न

1. क्षेत्रफल की द्दष्टि से भारत का विश्व में कौन सा स्थान है?

सातवाँ।

2. जनसंख्या की द्दष्टि से भारत का विश्व में कौन सा स्थान है?

दूसरा।

3. भारत के उत्तर में कौन कौन से देश हैं?

चीन, नेपाल, भूटान।

4. भारत के पूर्व में कौन कौन से देश हैं?

बांग्लादेश।

5. भारत के पश्चिम में कौन कौन से देश हैं?

पाकिस्तान।

6. भारत के दक्षिण पश्चिम में कौन सा सागर हैं?
अरब सागर।
7. भारत के दक्षिण पूर्व में कौन सा सागर हैं?
बंगाल की खाड़ी।
8. भारत के दक्षिण में कौन सा सागर हैं?
हिंद महासागर।
9. भारत का उत्तर से दक्षिण तक का विस्तार कितना है?
3214 किमी.।
10. भारत का पूर्व से पश्चिम तक का विस्तार कितना है?
2933 किमी.।
11. विश्व की कुल जनसंख्या का कितने % भारत में रहते हैं?
17%
12. भारत का कुल क्षेत्रफल कितना है?
32,87,263 किमी.।
13. भारत का दक्षिणी छोर क्या कहलाता है?
इंदिरा प्वाइंट।
14. इंदिरा प्वाइंट कहाँ स्थित है?
अंडमान-निकोबार द्वीप समूह में।
15. भारत की स्थल सीमा कौन कौन से देशों से लगी है?
पाकिस्तान, चीन, नेपाल, बांग्लादेश, भूटान, म्यांमार।
16. भारत की जल सीमा कौन कौन से देशों से लगी है?
मालदीव, म्यांमार, पाकिस्तान, बांग्लादेश, श्रीलंका।
17. कर्क रेखा किन भारत के किन राज्यों से होकर गुजरती है?
राजस्था, गुजरात, झारखण्ड, छत्तीसगढ़, मध्य प्रदेश, पश्चिम बंगाल, मिजोरम, त्रिपुरा।
18. भारत की स्थल सीमा की लम्बाई कितनी है?
15200 किमी.।
19. भारत का मानक समय कहाँ से लिया गया है?
इलाहाबाद के निकट नैनी नामक स्थान से।

20. भारत का मानक समय व ग्रीनविच समय में कितना अंतर है?

+ साढे पाँच घण्टे का।

21. भारत की कुल तटरेखा की लंबाई कितनी है?

7516 किमी.।

22. भारत में समुद्र तटरेखा वाले राज्यों की संख्या बताइये।

9 राज्य।

23. किस राज्य की समुद्र तटरेखा सबसे लम्बी,सबसे छोटी है?

सबसे लम्बी : गुजरात।

सबसे छोटी : गोवा।

24. भारत का पूर्वी समुद्र तट किस नाम से जाना जाता है?

कोरोमंडल तट।

25. पृथ्वी के मध्य से गुजरने वाली रेखा कौन सी है?

भूमध्य रेखा।

26. उत्तरी ध्रुव से दक्षिणी ध्रुव तक खींची गई रेखा कौन सी है?

देशांतर रेखा।

27. भारत के मध्य से गुजरने वाली रेखा कौन सी है?

कर्क रेखा।

28. भारत व चीन के मध्य अंतर्राष्ट्रीय सीमा पर कौन सी रेखा है?

मैकमोहन रेखा।

29. भारत व पाकिस्तान के मध्य अंतर्राष्ट्रीय सीमा पर कौन सी रेखा है?

रेडक्लिफ रेखा।

30. देशांतर रेखा का दूसरा नाम क्या है?

मध्यान्ह रेखा।

31. भारत किस गोलार्द्ध में स्थित है?

उत्तरी गोलार्द्ध पर।

32. अक्षांश रेखायें किसे कहते हैं?

वे रेखायें जो भूमध्य रेखा के समांतर उत्तरी ध्रुव व दक्षिणी ध्रुव के भागों में पूर्व से पश्चिम की ओर खींची मानी जाती हैं।

33. सूर्यग्रहण की घटना कब होती है?

अमावस्या को।

34. चंद्रग्रहण की घटना कब होती है?

पूर्णिमा को।

35. अंतर्राष्ट्रीय तिथि रेखा कहाँ से गुजरती है?

आर्कटिक सागर, बेंरिग स्ट्रेट व प्रशांत महासागर से।

36. विश्व का सबसे बड़ा व सबसे छोटा महाद्विप कौन सा है?

सबसे बड़ा : एशिया,

सबसे छोटा : आस्ट्रेलिया।

37. सबसे बड़ा और गहरा महासागर कौन सा है?

प्रशांत महासागर।

38. पृथ्वी के परिभ्रमण की दिशा कौन सी है?

पश्चिम से पूर्व।

26. साँझ का तारा / भोर का तारा / सबसे चमकीला तारा / पृथ्वी का भगिनी ग्रह / पृथ्वी का सबसे निकटतम ग्रह कौन सा है?

शुक्र।

39. भारत के किस राज्य का क्षेत्रफल सबसे अधिक है?

राजस्थान।

40. वह जनजाति जो दिवाली को शोक का त्योहार मनाती है?

थारू।

41. हिमाचल प्रदेश के किस जिले की सीमा चीन के साथ लगती है?

किन्नौर।

42. भारत का क्षेत्रफल पाकिस्तान से लगभग कितना गुना बड़ा है?

चार गुना।

43. राज्यों के किस समूह के साथ नागालैंड की साझी सीमा है?

अरुणांचल प्रदेश और मणिपुर।

44. पश्चिम बंगाल की सीमा कितने देशों से लगती है?

तीन देशों से।

45. शिपकिला दर्रा कहाँ स्थित है?

हिमांचल प्रदेश में।

46. भारत की सबसे बड़ी जनजाति कौन सी है?

भील जनजाति।

47. भारत की सबसे लम्बी सुरंग कौन सी है?

जवाहर टनल, जम्मू – कश्मीर में।

48. झीलों के अध्ययन को कया कहते हैं?

लिम्नोलॉजी।

49. केरल के तट को क्या कहते हैं?

मालाबार तट।

50. जोजिला दर्रा किस स्थान को जोड़ता है?

श्रीनगर और लेह को।

51. किस हिमालयी चोटी को सागरमाथा भी कहते हैं?

माउंट एवरेस्ट।

52. गॉडविन ऑस्टिन क्या है?

पर्वत शिखर।

53. भारत का सबसे ऊँचा पठार कौन सा है?

लद्दाख पठार।

54. किस पर्वतीय स्थल को 'सतपुड़ा की रानी' कहा जाता है?

पंचमढी।

55. भारत की सबसे ऊँची चोटी कौन सी है?

के-2।

56. नागा, खासी और गारो पहाड़ियाँ कहाँ स्थित है?

पूर्वांचल पर्वतमाला में।

57. भारत का सबसे ऊँचा जल प्रपात कौन सा है?

जोग प्रपात।

58. लोनार झील कहाँ स्थित है?

महाराष्ट्र में।

59. कौन सी पर्वत श्रेणी भारत में स्थित है?

पीर पंजाल।

60. बिहार का शोक किस नदी को कहा जाता है?
कोसी नदी।
61. भारत की जलवायु कैसी है?
मानसूनी।
62. तिब्बत में सांगपो कहलाने वाली नदी कौन सी है?
ब्रह्मपुत्र।
63. साइलेंट वैली कहाँ स्थित है?
केरल में।
64. भारत का प्रथम राष्ट्रीय उद्यान कौन सा है?
कार्बेट नेशनल पार्क।
65. 'वैली ऑफ फ्लॉवर्स' किस राज्य में स्थित है?
उत्तराखण्ड में।

पूरी पुस्तक पढने का धन्यवाद। आशा करते हैं आप सभी अच्छे अंकों से सफल होकर आगे जीवन में भी और अधिक सफलता प्राप्त करेंगे। हम आपके सहयोग के लिये हमेशा तत्पर हैं, इसी तरह से हमारा साथ निभायें।
आप सभी का बहुत - बहुत धन्यवाद।

- आकाश मिश्रा (सफलता मंत्र)

यू-ट्यूब पर सर्च कीजिये हमारे चैनेल [SAFALTA MANTRA] को और सब्सक्राईव कीजिये चैनेल को, साथ ही साथ बेल आईकॉन दबाइये और सभी परीक्षाओं से सम्बंधित वीडियो देखिये।
https://www.youtube.com/c/SAFALTAMANTRAa